미처 하지 못한 말

일러두기

이 책에 실린 인권의 문장들(인권문헌) 가운데 특별히 옮긴이를 밝히지 않은 것은
모두 지은이가 옮긴 것입니다.

미처
하지 못한
말

이제 마주하는 인권의 문장들

/ 류은숙 지음

낮은산

어린 시절, 문방구의 인기 상품은 고운 배경이 깔린 노트였다. 너무 고와서 학습장으로 쓸 수 있는 건 아니었다. 또래의 우리는 그런 노트에 예쁜 문장들을 베껴 썼다. 그건 시이기도 했고 노래 가사, 영화 대사, 명언 등이었다. 그런 문장들 사이로 자신의 창작물을 슬쩍 끼워 넣으며 '무명씨'의 작품이라 하기도 했다. 그렇게 정성껏 꽉 채워 쓴 노트를 연말에 선물하는 게 유행이기도 했다.

베껴 쓴 문장들……. 거기에는 언젠가 써먹으리라는 기대, 내 맘을 대신해 준 말에 기댄 위로, 그때 그 순간의 내 감정을 기억하고픈 맘이 담겼다.

나에게 이 책은 그런 베껴 쓰기의 연장 같다. 낭만과는 거리가 먼 인권의 문장들이란 점만 다를 뿐이다. 하지만 꽉 채워 쓴 뒤 선물하고픈 노트인 점은 같다. 앞서의 노트는《인권을 외치다》(2009, 푸른숲)로 출간했다. 그 이후 한국 사회에 몰아친 사건들은 아리고 또 아리다.

용산 참사, 쌍용차 정리해고, 밀양 송전탑, 세월호 참사…. 《인권을 외치다》가 인권의 역사적 문헌들을 주로 담았다면, 이 책은 한국 사회의 아린 사건들 위에 눌러쓴 것들이다.

'미처 하지 못한 말'
이 제목의 의미는 이중적이다.

그중 하나의 의미는 아쉬움이다. '하고 싶은 말이 있었는데 미처 하지 못했다.'라는 의미다. 인간 존엄성을 억압하고 모욕하는 말이 날아들 때 피하지도 반격하지도 못할 때가 많다. 모진 말들의 홍수 사이로 나의 자존감을 확인해 줄 그 무엇에 기대고 싶을 때가 있다. 각자의 방언이 아니라 인간성에 대한 공통 감각을 확인하는 공통의 언어를 나누고 싶을 때가 있다. 언젠가가 아니라 늘 쓸 수 있어야 하는 말, 한마디로 존중을 표현해 줄 말을 인권의 문장들에서 찾아보았다. 존중의 언어를 발견할 때 더 이상 미처 하지 못한 말은 없을 테다.

다른 하나의 의미는 뉘우침이다. 모든 말에는 듣는 이가 있어야 한다. '미처 하지 못한 말'은 '미처 듣지 못한 말'이기도 하다. 왜 그토록 말해 왔는데, 때론 절규해 왔는데 듣지 못했고 듣지 않았는지 돌아보려 한다. 이 돌아봄의 동행이 이제야 마주하는 인권의 문장들이다. 이 마주함을 다른 말로 하면, 기억과 애도라 할 수 있다. 우리가 살아가는 시스템은 숱한 피해자와 억울한 희생양을 낳고 있다. 애도는 그것에 대해 단지 슬퍼하는 것이 아니다. 각자의 골방에서 나와 서로의 고통을 연결하려는 것이 애도다. 서로 딴 세상에 사는 것 같던 사람들이 애도를 통해 우리 삶을 짓누르는 폭력에 대항할 힘을 찾는 것이 애도다.

하지만 기억은 변덕스럽고 세월에 약하다. 그런 취약함을 개선하기 위해 편집자가 기억의 달력을 만들었고, 문장들을 월별로 세심하게 배치했다. 직선으로 가는 시간이 아니라 애도의 사건 속으로 뛰어드는 시간 속에 기억해야 할 것들을 배치했다. 달마다 날씨도 감정의 색깔도 변하고 다짐도 변한다. 이 변화가 어디를 향할 것인가? 체념, 수용, 피해자 비난으로 향할 것인가? 공감에서 나오는 고통에 대한 응답, 공유하는 책임으로 향할 것인가? 달력 한 장을 넘길 때마다 우리는 흔들리며 고민하고 결단할 테다. 그런 애도의 시간 속으로 여러분을 초대하며, 부끄러운 노트를 내민다.

2017년 1월. 류은숙

차례

1

January

1월, 지난해를 반성하고 새해 계획을 세운다.
그리고 '변화'를 기대한다.

내가 속한 사회가 서 있는 토대,
그 토대 위로 숱한 사건이 스쳐 간다.
숱한 사건이 스쳐 갔으나 나와 관계 맺은 사건은 무엇인가?
숱한 사건에서 나는 무엇을 '변화'의 순간으로 기억하고 기록했나?

이 책에서 '월'은 연표 속의 '월'이 아니다.
'그땐 그랬지.' '예전에 이런 일도 있었지.', 그런 게 아니다.
고통 속에서 미처 하지 못한 말, 펼치지 못한 요구가 있었다.
그 말을 마저 들으려 하고 기대에 부응하려 하는 때,
그런 순간이 늘 1월이다.

'나만은 괜찮을 거야.', 우리의 착각을 고발합니다

+ 에밀 졸라, 〈나는 고발한다!〉

1898년 1월 13일
에밀 졸라는 공개서한 '나는 고발한다!'를 발표하여
드레퓌스 사건이 날조되었음을 밝혔고
최종적으로 드레퓌스는 완전히 복권되었다.

〈나는 고발한다!〉 제목만으로도 정말 화끈한 격문이다. 진실이 무참히 무시되고 공권력이 수치를 모르는 상황이 연출될 때마다 사람들은 찾는다. 어디 에밀 졸라의 〈나는 고발한다!〉 같은 격문을 쓸 사람 없느냐고.

〈나는 고발한다!〉의 발단은 드레퓌스 사건이다. 한 무고한 사람 드레퓌스가 독일을 위해 스파이 활동을 했다는 반역죄를 뒤집어쓰고는, 공개적으로 군적을 박탈당하고 머나먼 섬으로 유배됐다. 게다가 이 무고한 사람은 유대인이었다. 반독일 정서의 민족주의와 반유대주의가 사건이 커진 배경이었다. 그런데 스파이 활동의 증거인 명세서의 작성자는 따로 있었다. 이를 발견한 양심적 인사들은 재심을 요구했다. 그러나 어이없게도 진짜 죄인은 만장일치로 무죄 판결을 받았다. 인종차별주의, 국가 안보를 빌미로 개인의 인권을 무시한 국가 폭력, 대중을 호도하고 광기로 몰아간 무책임한 언론의 범죄가 프랑스를 좌우 대결의 소용돌이 속으로 몰아넣었다. 이 사건은 1894년부터 12년간에 걸쳐 프랑스를 뒤흔들었다.

어쩌면 12년이 아니라 금세 끝나 버렸을지도 모를 이 사건의 불씨를 다시 살린 것이 바로 에밀 졸라의 〈나는 고발한다!〉이다. 1898년 1월 13일, 이 혐오스러운 재판 결과에 분노한 당대의 지식인 에밀 졸라가 프랑스 대통령에게 보내는 공개서한 〈나는 고발한다!〉를 발표하여 사건을 되살린 것이다. 그렇게 드레퓌스는 재심을 받고 사면됐다. 그런데 사면이란 죄가 있음을 전제로 한 것이다. 당국의 의도는 드레퓌스를 풀어 줌으로써 사건을 마무리 짓고 공권력의 책임을 회피하는 것이었다. 그러나 당국의 의도와 달리 투쟁은 계속됐고 결말은 드레퓌스의 완전한 복권이었다. 이 과정에서 에밀 졸라는 명예 훼손과 경제적 손실을 감수해야 했다. 그뿐만이 아니었다. 그의 글에 대해 당국이 취한 기소로 인한 재판과 망명 등 엄청난 시달림을 당했다. 그 결과, 그는 자신이 말한 대로 "진실이 전진하고 있고, 아무것도 그 발걸음을 멈추게 하지 못하리라."의 증거가 됐다.

사실 오늘 이야기의 주인공은 에밀 졸라의 〈나는 고발한다!〉가 아니다. 바로 독자 여러분이다. 여러분 한 사람 한 사람이 오늘 지금 여기서 필요한 〈나는 고발한다!〉의 필자가 되어 주시기를 부탁드리는 바이다.

진실과 정의라는 말의 값어치를 찾기 위해 '용산국민법정'이 준비되고 있다. 우리 한 사람 한 사람이 기소인이자 증인이자 재판관이 되는 재판이다. 가장 먼저 해야 할 중요한 일은 자신의 기소장을 쓰는 일이다. 이 시대의 에밀 졸라가 되어 기소인이 되는 것이다. 나는 이렇게 기소장을 썼다.

류은숙의 기소장

끝났습니다. 높이 받들던 가치도 인간의 도리도 고개를 숙였습니다. 운동도 정치도 이론도 친밀감도 애정도 모두, 매장도 못 한 죽음 앞에 모였습니다. 계절이 바뀌어 한층 높아진 하늘 밑에서 우리 사회가 저지른 범죄가 너무 선명하기 때문입니다.

진실, 진실을 말하고 듣는 걸 제 눈으로 보고 싶습니다.

나는 고발합니다. 도시의 화려한 치장과 이윤을 위해 막개발로 삶의 터전을 빼앗은 자들을 고발합니다.

나는 고발합니다. 벼랑 끝에 선 철거민을 경찰 특공대의 살인 진압 표적으로 삼은 경찰을 고발합니다.

나는 고발합니다. 공권력의 잘못은 따지지도 않고 아버지를 잃고 저 자신도 다친 철거민을 유죄로 기소한 검찰을 고발합니다. 공정한 재판을 위한 수사 기록 제출도 거부하고 숨기는 검찰이기에 기소권을 독점할 권한이 그들에게 더는 없습니다.

나는 고발합니다. 뉴타운 꽃놀이를 위해 인간 청소를 하러 동원되는 용역 깡패를 고발합니다. 돈더미 위에 눌어붙는 똥파리 같은 용역 깡패 뒤에 도사린 실체, 재개발 조합과 대기업 건설사들을 고발합니다.

나는 고발합니다. 정당화할 수 없는 공권력의 살인 앞에 사과 한마디 하지 않는 MB 정권의 끔찍한 실용주의를 고발합니다.

그리고 나는 고발합니다. '이제 고만하자, 할 만큼 하지 않았느냐. 사는 게 다 그렇지. 더 가서 무슨 좋은 날을 보겠다고. 원래 힘없는 자가 당하는 거야.' 이런 체념을 고발합니다. 청약저축 붓고 퇴직금 합쳐 작은 보금자리, 작은 가게나마 마련하려는 꿈을 악몽으로 만드는 투기 시장을 고발합니다. 그런 악랄한 시장에서 '나만은 괜찮을 거야.'라고 여기며 이웃과 손잡으려 하지 않는 우리의 착각을 고발합니다.

2009년 1월 20일, 세입자들을 내쫓는 강제 철거 과정에서 철거민 5명과 경찰특공대 1명을 죽음에 이르게 한 용산 참사. '생명과 인권을 날려 버린 그날의 화염을 잊지 말아야 한다.' 생각은 그리했지만 딱히 어쩌지도 못하고 용산을 지날 때면 고개를 돌렸습니다. '딱히 뭘 할 수 있을까?' 미안하고 안타까운 시간이 흘렀습니다. 하지만 내가 잊지 않았듯이 당신도 잊지 않았으리라 믿습니다. 우리의 믿음과 의지로 진실의 폭발을 만들어 봅시다. 우리의 상식으로 재판해 봅시다. 용산국민법정에서 말입니다. 나의 고발과 당신의 고발이 모여 진실이 이 사회를 후려친다면 우리는 절벽으로 돌진하는 사회를 멈출 수 있을 겁니다. 그리고 경로를 바꿀 수 있을 겁니다. 이런 이유로 나는 이명박 대통령을 포함해 용산 참사에 책임 있는 자들을 용산국민법정에 기소합니다.

― 2009년 9월 23일에 씀

✦ 나는 고발한다!

...

끝났습니다, 프랑스의 얼굴에는 지울 수 없는 오점이 생겼고, '역사'는 당신이 대통령일 때 그런 사회적 범죄가 저질러졌다고 기록할 겁니다.

그들이 감히 그렇게 했기에, 저는 감히 이렇게 하겠습니다. 진실, 저는 진실을 말하겠습니다. 왜냐하면 정식으로 재판을 담당한 사법부가 만천하에 진실을 밝히지 않는다면 제가 진실을 밝히겠다고 약속했기 때문입니다. 제 의무는 말을 하는 겁니다, 저는 역사의 공범자가 되고 싶지 않습니다. 만일 제가 공범자가 된다면, 앞으로 제가 보낼 밤들은 가장 잔혹한 고문으로 저지르지도 않은 죄를 속죄하고 있는 저 무고한 사람의 유령으로 가득한 밤이 될 겁니다.

...

피카르 중령은 양심적 인간으로서 의무를 다했습니다. 그는 정의의 이름으로 상관들에게 건의했습니다. 심지어 그는 그들에게 간청했습니다. 그는 그들의 직무 유기가 얼마나 위험한 일인지 역설했습니다. 끔찍한 뇌우가 조금씩 힘을 축적하고 있거니와, 진실이 세상에 알려질 때 그것은 엄청난 폭발력으로 온 세상을 강타할 것이라고 말했습니다.

...

그렇습니다! 지금 우리는 비열한 광경을 목격하고 있습니다. 빚더미와 죄악으로 얼룩진 자들은 무죄를 선고받고, 한 점 오점도 없는 명예로운 이는 오욕의 구렁텅이에 빠져 있지요! 이 지경에 이른 사회라면 그 운명은 파멸밖에 없습니다.

 …

 아, 실로 모든 것이 광기, 어리석음, 기괴한 상상력, 비열한 경찰 근성,
종교 재판 식의 매도, 전제적인 폭압으로 뒤흔들렸고, 몇몇 장교와 장성
의 영달을 위해 국가 전체가 강철 군화에 짓밟혔으며, 진실과 정의를 외
치는 국민의 목소리는 국가 이익이라는 미명하에 질식되었습니다!

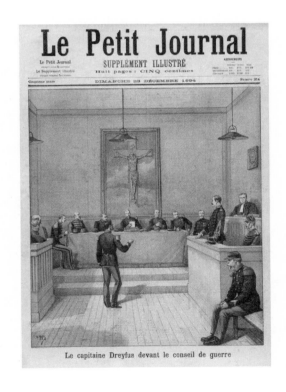

Le capitaine Dreyfus devant le conseil de guerre

속악한 언론에 기대는 것, 파리의 온갖 사기꾼들에게 도움을 청하는 것, 그리하여 파렴치하게도 사기꾼들이 승리하고 인권과 청렴결백이 패배하게 만드는 것은 범죄 행위입니다.

...

한쪽에는 햇빛이 비치기를 원치 않는 범죄자들이 있고, 다른 한쪽에는 햇빛이 비칠 때까지 목숨마저도 바칠 정의의 수호자들이 있습니다. 이미 말씀드렸지만, 다시 한번 강조합니다. 진실이 땅속에 묻히면 그것은 조금씩 자라나 엄청난 폭발력을 획득하며, 마침내 그것이 터지는 날 세상 모든 것을 날려버릴 것입니다. 그리고 우리는 머지않아 알 것입니다. 우리가 이제 막 가장 멀리까지 울려 퍼질 재앙 중의 재앙을 준비했다는 것을.

...

제가 고발한 사람들에 관한 한, 저는 그들을 알지도 못하며, 단 한 번 만난 적도 없으며, 그들에 대해 원한이나 증오를 품고 있지도 않습니다. 그들은 제게 사회악의 표본일 뿐입니다. 그리고 오늘 저의 행위는 진실과 정의의 폭발을 앞당기기 위한 혁명적 수단일 뿐입니다.

저는 그토록 큰 고통을 겪은 인류, 바야흐로 행복 추구의 권리를 지닌 인류의 이름으로 오직 하나의 열정, 즉 진실의 빛에 대한 열정을 간직하고 있을 뿐입니다. 저의 불타는 항의는 저의 영혼의 외침일 뿐입니다. 부디 저를 중죄 재판소로 소환하여 푸른 하늘 아래에서 조사하시기 바랍니다!

기다리겠습니다.

...

— 에밀 졸라, 유기환 옮김, 《나는 고발한다》, 책세상, 2005

공권력이 왜 용역 폭력을 비호하는가

+ 민간 군사 기업과 경비 회사의 활동이 인권에 끼친 영향

2009년 1월 20일
대한민국 서울특별시 용산구 한강로 2가
남일당 건물 옥상에서 점거농성을 벌이던 세입자와
전국철거민연합회 회원들, 경찰, 용역 직원들 사이에
충돌이 벌어져 발생한 화재로
철거민 5명과 경찰특공대 1명이 사망했다.

어릴 적 우리 동네에는 판잣집이 많았고, 온종일 방치된 몇몇 아이는 위험한 놀이를 벌였다. 언덕배기에 올라앉아 아래로 지나가는 사람을 겨냥하여 딱딱한 고무조각을 총알 삼아 딱총을 쏘는 것이었다. 그 총을 맞아 실명했다는 흉흉한 소문이 돌 정도로 위력적이었다. 나도 한 번은 종아리와 배에 그 고무탄을 맞았는데 너무 아파서 한동안 움직이지도 못했고 눈물이 절로 났다. 아프기도 했지만 아무런 대응을 할 수 없고 어디에도 호소할 수 없다는 게 더 미칠 지경이었다. 그 아이들을 꾸짖을 어른들은 그 골목에 전혀 없었다. 선생님에게 호소할 수도 경찰을 찾아갈 수도 없는 일이었다. 지금 생각하면 집에서도

21

학교에서도 내돌리기만 한 불쌍한 아이들이었지만, 그때는 무섭고 징글징글하기만 했다. 밥도 공부도 사람의 손길도 타지 못한 그 아이들은 자라서 어디로 갔을까, 어떻게 됐을까. 지금도 가끔 궁금하다.

용역 폭력에 피투성이가 된 노동자들에 관한 기사를 볼 때마다 어릴 적 고무탄에 맞았던 그 통증이 떠오른다. 그런 통증마저도 저리고 눈물이 날 지경인데, 직장에서 잘리고 직장이 폐쇄된 것도 모자라 회사가 엄청난 돈을 주고 부른 폭력 집단에 생명의 위협을 느낄 정도로 쥐어 터지고 욕설을 듣는 사람들은 참 기막힌 심정일 것이다. 어렵게 번 돈으로 세금 내서 키운 경찰은 방관하거나 한통속이 되고 정부는 노동자를 힐난하는 발표를 내놓고 법이 폭력을 가한 자들은 너그럽게 대할 때, 일방적으로 당하는 당사자들은 그야말로 인간 샌드백이 된 느낌일 테다. 또한, 폭력에 동원된 용역들도 먹고살기 위해 모여든 '이웃 사람'이라는 보도에 지옥도가 떠오른다.

용역 폭력은 현 정권 들어 더 자주 더 심하게 등장했다. 하지만 비슷한 일은 계속 있었다. 오래전 집회에서 경찰에게 맞아 한 노동자가 사망했을 때, 인권 단체들은 규탄 기자회견을 하면서 "공정한 법 집행이 아니면 공권력은 사적 폭력일 뿐"이라고 했다. 일부 세력만을 위해 봉사하는 공권력은 사적 폭력과 마찬가지라는 뜻이리라. 또한, 한 시민은 트위터에 용역 폭력이 기승을 부리고 있는 현 정권하에서 "용역은 청부 폭력인데 구매된 사적 폭력이 공공에 개입하기 시작하면 국가도 결국 사적 폭력 청부 집단"이라고 하기도 했다. 한 신문 사설에서는 그런 폭력이 기승을 부리는 근원적 토대는 현 정권이 "국가를 사적으로 운영하고 있기 때문"이라는 표현을 썼다.

이처럼 폭력에 대한 위기감은 크기만 하다. 인권이란 이름으로 그런 폭력에서 나름 열외 취급을 받던 인권활동가들마저도 얻어맞는 일이 늘었다고 자괴한다. 작년 말 인권활동가들이 모여 용역 폭력의 기승을 주제로 워크숍을 가졌다. "편의상 공권력과 사적 폭력을 나누고 경찰이 아닌 사람들이 하는 걸 사적 폭력이라고 하는데, 본질을 따져봤을 때 이것이 정말 사적인가?"라는 질문이 나왔다. 물론 실제 폭력 행위를 수행하는 것은 민간 기업이고 그들에게 고용된 용역들이다. 하지만 이는 본질상 계급적으로 편향된 국가 기구들과의 끈끈한 교감 속에서 이뤄지는 행위이다. 따라서 외관은 사적 폭력으로 보이지만 사실은 공권력의 연장선에 있는 게 아니냐는 지적이었다. 용역 폭력이 아무리 날뛰어도 뭔가 의미 있는 반응과 대응이 없으면, 가해자들은 '괜찮다.'라는 신호로 인식해 계속하고 그런 일은 계속 누적된다. 누적될 뿐 아니라, 결과적으로 폭력의 정도는 계속 고조된다. 이런 진단을 내리자 참석자들은 우울해졌다. 어쩌다 이런 상황에까지 놓이게 됐을까? 문제의 원인은 무엇일까? 많은 얘기가 나왔는데, 내 귀에 가장 박힌 이야기는 이런 것이었다. 대규모 정리해고, 직장 폐쇄, 실업, 빈곤한 복지, 막무가내 국책 사업 등 공적인 무대에서 충분히 논의돼야 할 문제가 내쳐졌다. 그러면서 공적인 것, 공적으로 해야 할 역할의 관념이 모호해졌다. 그런 가운데 사적 영역의 용역들이 끼어들어 폭력의 방식으로 정치를 하게 돼 버렸다. 그렇다면 우리가 할 일은 공적인 영역을 재구성하고 채우는 것이다. 공적인 영역이 재구성되고 정립되면 공권력과 사적 폭력도 재구성될 수밖에 없을 것이다.

이를 위해서는 무엇보다 시민의 대응이 절실하다. 자신과 같은 시민이 표현의 자유를 행사하고 생존권을 외쳤다는 이유로 두들겨 맞는 문제를 예민하게 받아들이지 않는, 시민으로서의 무감한 정체성이야말로 진짜 위기다. 폭력에 무감각해지는 것, 공분은 해도 대응 행동은 하지 않는 것은 폭력의 방관과 상승을 불러올 뿐이다. 사적 폭력이 아예 없을 수는 없겠지만, 보편적 복지가 향상되면 상당히 해결될 것이다. 용역 폭력으로라도 살길을 찾는 비인간화를 막을 공적인 대안이 있어야 한다. 무대응을 비웃듯이 상승한 폭력이 쓰나미처럼 덮친 요즘, 작년에 나눴던 얘기들이 아쉽기만 하다. 그래도 이번에는 다행히 공분에 그치지 않고 여기저기서 대응 활동이 생겨났다. 대응을 보여줘야 폭력의 연료 공급을 막을 수 있을 것이다.

오늘 읽어 볼 인권문헌은 국제적 차원에서의 용역 문제를 다룬 글이다. 한국 사회에서 용역이라 부르는 것을 국제적으로는 '용병'이라 한다. 이름과 활동 무대는 달라도 하는 일의 성격은 마찬가지다. 전 세계적으로 폭력이 민영화되면서 심각한 인권 침해의 요인으로 떠올랐다고 판단한 유엔은 2005년 '용병 사용에 관한 실무 그룹UN Working Group on the Use of Mercenaries'을 설립했다. 이 실무 그룹에는 5명의 전문가가 소속돼 활동하고 있는데, 프라도는 이 글을 쓸 당시 이 실무 그룹의 의장이었다.

프라도의 글에 나타난 국제 용병의 문제점을 국내 용역의 문제점으로 바꿔 읽어도 별 무리가 없다. 가난한 사람이 주로 선발되고, 용역 회사는 엄청난 돈을 빠른 시간에 벌어들이며, 진짜 안전이나 평화가 아니라 돈벌이가 유일한 목적이라는 점, 하지만 용역들은 비인간적 처우와 위험을 감수해야 한다는 점 등은 마찬가지다. 앞서 말했듯이 워크숍에 모였던 인권활동가들이 내린 진단, 즉 공권력과 사적 폭력의 구분이 흐려지고 뒤얽힌다는 것, 어떤 식으로든 정부의 비호를 받는다는 것, 따라서 결과적으로는 정부가 폭력을 민영화·외주화하여 정부의 책임을 회피하고 일을 처리하려 한다는 진단과 여러모로 맥이 닿아 있다. "오늘 여기서 벌어진 일은 오늘 우리만 안다."라는 이라크 용병들의 구호처럼 사적 용역 폭력은 인권 침해를 책임지지 않고 결과적으로 폭력 앞에 인권이 실종되리라는 경고가 아닐 수 없다. 사정이 이러하니 회색 지대에서 벌어지는 폭력의 고리를 끊기 위한 한계선을 분명히 긋고 규제할 방법을 강구하는 일은 국내외를 따지지 않고 당장 해야 하는 일이다.

— 2012년 8월 22일에 씀

✦ 민간 군사 기업과 경비 회사의 활동이 인권에 끼친 영향

지난 20년간 민간 군사 기업과 경비 회사(PMSC)가 엄청나게 확장돼 왔다. 이들 기업은 아프가니스탄, 발칸 반도, 콜롬비아, 콩고, 이라크, 소말리아, 수단 등 저강도 무력 분쟁 지대나 분쟁 후 상황 지대에서 활동한다. 이들 초국적 민간 기업은 교전 지역의 한복판에서 전략적 군사 역량뿐 아니라 병참(군사 작전에 필요한 인력과 물자를 관리, 보급, 지원하는 일)·전투 관련 경비 훈련과 첩보를 제공할 수 있다. 세 부류의 국가들이 초국적 PMSC가 수행하는 활동에 연루될 수 있다. 즉, 사병과 경비 용역을 공급하는 수출국들, 그런 용역을 요구하는 수입국들, 그리고 PMSC 직원들의 출신국들(주로 싼 노동력을 초국적 PMSC에 제공하는 저발전국들)이다.

세계 전역의 발전국과 저발전국 출신의 수천 명 시민이 징발되어 이들 사기업을 위해 일한다. 이라크에는 180개 이상의 PMSC가 있어 4만 8000명의 '민간 경비원'을 고용하는 다국적군에게 용역을 제공하고 있다. 아프가니스탄에는 1만 8000명~2만 8000명을 고용하고 있는 60여 개의 PMSC가 있다고 추정된다. 이렇게 국제적으로 전쟁이 민영화되는 것과 함께 전 세계적으로 발전국이든 저발전국이든 국내 차원에서도 민간 경비와 재산의 보호에 대한 요구가 늘어 왔다. 급속도로 팽창하는 사업으로 연간 1000억에서 1200억 달러 정도의 매출이 추정된다.

이런 새로운 사업의 팽창으로, 공공 부문과 민간 부문에 속한 사람의 활동과 기능의 구분이 흐려졌다. 공적 활동과 사적 활동이 뒤엉켜 구분하기 매우 어렵고, 특히 전통적으로 정부의 활동이라고 간주했던 '안보 security' 영역도 그렇다. 안보는 국내적 차원에서는 경찰이 안전을 보장하는 것으로 간주된다. 국외적으로는 군대가 영토와 국가 안보를 지킨다. 이런 맥락에서 유엔 헌장에 명시된 '집단 안보'는 주권 원칙, 그리고 유엔이라는 세계 조직의 192개 회원국 각각의 정당한 무력 사용에 대한 효과적인 통제와 규제에 기반을 두고 있다는 점을 유념해야만 한다.

세계적으로 급속하게 폭력의 민영화가 전개되는 이유는, 세계 경제의 지구화, 중앙 정부로부터 산발적으로 흩어진 '거버넌스' 혹은 '비-거버넌스'로의 전환, 국가 정규군의 축소 등이다. 오늘날 '실패한 국가들'과 경제의 지구화는 '밑으로부터의' 폭력의 민영화와 손잡고 작동해 왔다. … 전통적으로 국군이나 경찰력이 수행해 왔던 기본적 기능들의 외주화는 '위로부터의' 민영화로 알려져 있고, 이것은 국가의 공적 서비스와 민간 상업 부문 간의 경계를 흐리며 위험한 '회색지대'를 만들고 있다. …

이런 상황에서 인권 침해의 잠재성은 언제나 현존하는 위협이며, PMSC의 피고용인이 자신의 행동을 책임지기는 거의 불가능하다. … 많은 사건에서 목격됐듯이, PMSC의 피고용인은 과도한 무력을 사용할 수 있고 무차별적으로 발사하여 민간인을 살해했다. 국제법으로 금지된 무기를 사용하거나 실험용 무기를 사용해 왔다. … 보고서들이 지적하기를 이라크에서의 PMSC 직원들의 괴이한 행동은 '오늘 여기서 벌어진 일은 오늘 우리만 안다.'라는 구호와 함께 자행됐다. 민간 용역이 허가도 없이 이라크인을 구금했다는 주장도 제기됐다. …

군사와 안보 기능의 외주화는 무력 사용에 대한 국가의 통제 상실이라는 내재적 위험을 안고 있다. PMSC는 흔히 국가 통제의 바깥에서 국가기관의 효과적 감시가 제한된 가운데 활동한다. PMSC는 전쟁 수행의 핵심적인 분야인 심문에서부터 전략적 첩보 활동에까지 용역을 제공하면서, 고문과 비인간적인 처우를 유발할 뿐 아니라 이동과 프라이버시의 자유 등 권리를 침해할 수 있다. 범죄 또는 인권 침해와 연루될 때, 이들 민간 경비 용역은 제재를 받지도 않고 재판에 회부되지도 않아 왔다. 이라크에서 민간인을 상대로 한 고문과 저격에 연루된 용역들이 바로 그 예다. 2003년 아부 그라이브 교도소에서의 인권 침해에 연루된 PMSC 용역들은 외부의 조사도 전혀 받지 않았고 법적으로 제재받지도 않았다. … 아부 그라이브 교도소에서의 고문은 주로 미 헌병에 의해 저질러진 것이지만, 민간 용역들 또한 고문 혐의가 있었다.

'민간 용역' 또한 인권 침해의 피해자일 수 있다. 변칙적인 계약, 착취, 자의적 감금 및 그들의 인권과 노동권에 대한 기타의 제약 등으로 흔히 취약한 상황에 놓이기 때문이다. 이런 정보는 유엔 실무 그룹의 조사를 통해 얻은 것이다. 또한, 저발전국 출신자에 대한 사기 모집과 착취가 있다. '민간 용역' 또는 '용병'으로 계약서에 서명할 때 일반적으로 그들은 상당수의 권리를 포기한다. 그들을 선발하고 계약한 하청 회사 또는 그들과 계약한 회사를 상대로 법적 소송을 할 권리 등이 박탈된다. 그리고 거기에는 '회사에 의해 야기되거나 회사의 과실로 볼 수 있는 손실, 손해, 부상 또는 사망이 발생한 경우까지가 포함'된다. 서명하는 그들은 그런 구절이 가질 효력, 그리고 보상과 법적 불확실성에서 발생할 어려움 등을 판단하지 못한다.

이처럼 새롭게 떠오르고 있는 비-국가적 실체들은 정부의 권력을 초월하며 주권의 전통적 개념과 무력 사용의 독점을 부식하고 있다. PMSC의 주목적은 돈을 버는 것으로, 장기간 안정을 위한 건전한 기초를 제공하지 않는다. 전직 영국 대테러 부대원으로 이라크에서 민간 군사 기업에서 일했던 사람이 자세히 설명했듯이, 이라크가 혼돈에 빠져들수록 더 많은 재건 기금이 민간 군사 기업의 주머니로 흘러들어 갔다. …

국가들은 군사 및 보안 활동에서 외주 계약이 절대 금지돼야만 하는 유형과 외주 계약 가능한 유형에 적합한 한계선을 그어야만 한다. 일단 외주 계약하는 기능들이 한정되면, 그런 활동을 통제하고 감시할 수 있는 입법과 장치뿐 아니라 국내적 규제가 수립돼야만 한다. 규제 장치에는 인가 규정과 등록 체계가 포함돼야만 한다. 그뿐만 아니라 인권과 국제 인권법에 대한 존중을 확인하는 조항을 담은 제재 장치 그리고 인권 기준에 대한 훈련을 포함하여 직원에 대한 양질의 훈련을 제공할 의무를 포함해야만 한다. 계약 용역의 선발과 조사를 위한 효과적인 체계에는 의무적인 정기 심사를 포함해야만 한다. 그러나 PMSC의 활동이 초국적 성격을 가졌다는 점을 고려할 때 지역적 및 국제적 차원에서도 원칙과 조치가 채택될 필요가 있다.

— 호세 고메즈 델 프라도, 용병 사용에 관한 유엔 실무 그룹, 2008

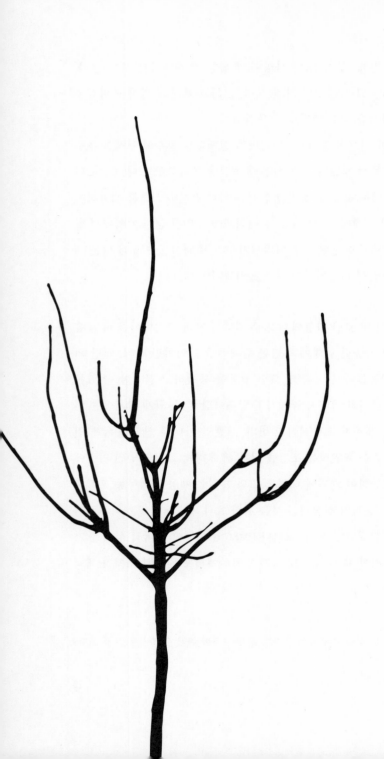

2

February

다른 달보다 며칠 짧을 뿐인데 날이 한참 모자란 것 같은 달.

〈생존 시간 카드〉라는 소설이 생각난다.
가난한 자와 부자, 쓸모 있는 자와 쓸모없는 자를 구분하여
세상에 존재할 시간 카드를 배급하는 내용이다.
누구는 부분적으로만 존재하고 누구는 존재보다 넘치는 시간을 갖는다.

빈곤은 인간으로 존재할 시간을 좀먹는다.

빈곤과의 전쟁 대신 빈민과의 전쟁을 택하는 사회는
얼만큼의 '생존 시간 카드'를 갖고 있을까?
그 안에서 각자의 생존은 어떤 시간으로 꾸려질까?

이 정부는 빈민과 전쟁을 하고 있다

+ '빈곤과의 전쟁'을 만든 한 통의 편지

'빈곤과의 전쟁'이라는 조직은
2011년 창립 60주년을 맞은 저명한 국제 시민 단체로
'빈곤은 정치적이다.'라는 선언을 내걸고 있다.
1951년에 창립됐는데 그 발단은 그 해 2월 7일에 쓰인 한 통의 편지였다.

입춘이 지났어도 얼어붙은 날씨다. 매서운 날씨야 곧 지나가겠지
만, 꽁꽁 얼어붙은 삶들에 언제쯤 햇볕이 들지는 기약이 없다.

어릴 때 제일 싫어하던 말이 '내일'이었다. 내일이면 돈이 생긴다는
말, 그래서 내일이면 밀린 학비를 주겠다는 말, 내일이면 찢어진 운동
화나 가방을 바꿔 주겠다는 말……. 하지만 그 내일은 그다음 날이면
또다시 내일이 되기만 했다. 요즘도 '언젠가 좋아지겠죠.' 같은 막연
한 약속이 참 싫다. 그 막연함에는 지나간 약속조차 무시하는 뻔뻔함
과 정치를 놓아 버린 정치인의 무책임이 담겨 있다. '미래지향적'이라
는 말은 자본의 위기를 방지하기 위해 미리 자르고, 미리 입을 막고,
미리 공공재를 넘겨주겠다는 말로 들린다. 그래서 정리해고는 늘 정

당하고 청소 노동자는 대자보도 붙여서는 안 되고 민영화에 반대하는 행동 같은 건 꿈도 꾸지 말라고 한다.

설 직전 대한문에서 집회가 있었다. '기륭전자, 약속을 지켜라.'라는 집회였다. 2010년 11월 기륭전자는 6년이 넘는 긴 투쟁 끝에 노사 합의를 얻어 냈다. 대 사회적 약속으로서 그 합의 내용을 선포하고 사진도 찍어 댔다. 국회에서 조인식까지 했다. 그런데 정규직화와 복직을 약속받은 노동자들은 일 한 번 못 해 보고 또 버림받았다. 작년 연말에 회사가 노동자들 몰래 이사해 버리고 사장은 사라졌다. 집회에서 노래한 노래패 꽃다지는 "다시 기륭 집회에서 노래하게 될 줄은 정말 몰랐다." "이런 기막힌 일이 어디 있느냐?"라고 했다. 기륭만이 아니다. '희망버스'란 사건을 낳은 한진중공업도 사회적 합의 약속을 지키지 않았다. 엄청난 손해배상 청구가 노동자들의 뒷덜미를 잡았을 뿐이다. 정의를 앞장서 부르짖어도 모자랄 판에, 청소 노동자들이 붙이는 대자보 한 장에 100만 원을 배상하라는 발상을 내놓은 것이 대한민국의 대학이다. 이런 사안은 나라 안팎을 가리지 않는다. 국외로 진출한 한국 기업들이 살인적 노동 조건과 열악한 처우에 저항하는 노동자를 다루는 방식은 국내에서 하던 것보다 더하면 더했지 모자람이 없다. 한국 기업이 수출하는 최루탄이 민주주의를 열망하고 삶의 궁핍에 저항하는 시민을 쓰러뜨리는 일은 또 어떤가.

이처럼 국내외를 가리지 않고 문제의 사슬은 연결돼 있고 궁핍을 악화시키고 있다. 이걸 해결할 길은 더 두터운 민주주의와 더 강한 인권과 더 깊은 평화일 뿐이라는 말은, 굶주린 이들에게는 의미 없는 소리일 뿐이다. 우리는 참 허기지고 고단하다. 한 동료는 주변에서 찾아지는 삶의 몰락 때문에 정말 우울하고 두렵다 한다. 우리는 삶을 누리는 게 아니라 삶과의 전쟁을 치르고 있는 것 같다.

"이 정부는 빈곤이 아니라 가난한 사람들과 전쟁을 하고 있다."

이 말은 지난 연말 총파업 집회에서 나온 발언 중 하나인데 많은 이들에게 호응을 받았다. 이 말을 바꿔 보면, 우리가 바라는 진짜 전쟁은 '빈곤과의 전쟁'이다. 실제로 국제 시민 사회에는 '빈곤과의 전쟁 War on Want'이라는 이름을 가진 조직이 있다. 2011년 창립 60주년을 맞은 저명한 단체로 '빈곤은 정치적이다.'라는 선언을 내걸고 있다. 한국전쟁이 벌어지던 1951년에 창립됐는데, 그 발단은 한 통의 편지였다.

영국의 출판인 빅토 골란즈는 〈가디언〉 신문에 한 통의 편지를 보냈다. 그는 당시 한국전을 계기로 고조되는 전쟁과 군비 강화의 기류에 반대하며 두 가지 제안을 한다. 첫째는 전쟁 종식을 위해 즉각 협상하자는 것이고, 두 번째는 지금과는 다른 방식으로, 경쟁과 표적이 다른 전쟁을 하자는 것이었다. 이 편지의 끝부분에서 골란즈는 자기의 제안에 동의하는 시민들에게 "좋습니다(yes)."라는 한마디를 쓴 엽서를 보내 달라고 했다. 한 달 안에 만 통이 넘는 엽서가 왔고 그 힘으로 '빈곤과의 전쟁'이 태어났다. '빈곤과의 전쟁'은 그다음 해에 '세계 발전을 위한 계획'이라는 보고서를 내놓는다. 그 보고서는 '빈곤과의 전쟁'이 부자가 빈자에게 생색내는 자선이 아니라 정의를 위한 운동이어야만 한다고 밝혔다. 이것은 한 나라 안에서만이 아니라, 부국에서 빈국으로 이전하는 경우에도 해당된다. 빈곤의 증상이 아니라 빈곤의 원인과 싸운다는 것이 이 전쟁의 원칙이다.

'빈곤과의 전쟁' 60주년을 평가하는 자료들은 다른 많은 국제 원조 활동과의 차별성을 지적하고 있다. 국내에서는 진보적 노동 운동과 정치 운동을 표방하며, 국제적으로는 현지의 저항 운동 단체들과 제휴한 연대 활동을 중심으로 한다. 그간 해 온 활동 중 스스로 꼽는 것은 다음과 같다. 1974년 분유 기업들의 잘못을 폭로하여 세계보건기구가 분유 마케팅의 국제 규범을 채택하게 했다. 또한, 가난한 나라의 부채 청산을 요구하거나 금융 기업과 고소득자에게 세금을 부과하는 소위 '로빈후드세'를 주창했다. 2005년에는 영국 정부가 해외 원조시 공공 서비스의 민영화를 조건으로 내건 정책을 폐기하도록 했다.

'빈곤과의 전쟁'의 소개문을 읽어 본다. 그냥 어느 단체의 소개문이 아니라, 우리가 해야 할 싸움의 다짐으로 바꿔 읽어 본다.

"빈곤은 정치적이다. 부자 편에 서는 정치인의 결정이 빈자에게는 삶과 죽음을 뜻할 수 있다. 우리에게는 정의롭고 평화로운 삶을 위해 지구적 지형을 바꿔 놓을 힘이 있다. 우리는 농촌 사회, 노동 착취 공장, 분쟁 지역, 사회의 소외된 주변부에서 진정하고 지속적인 변화를 위해 싸우는 사람들과 함께 일한다."

막연한 내일의 행복을 반복하는 소리에 귀 기울이는 대신, 지금 싸우고 있는 사람들의 소리를 들어 보는 것, 누군가가 보내온 제안의 편지를 읽고 함께하겠다는 엽서를 쓰는 것, 설이 지난 진짜 새해에 해야 할 일인 것 같다. 삶과의 전쟁이 아니라 누리는 삶을 위해.

— 2014년 2월 5일에 씀

+ 편집자에게 보내는 편지: 평화를 위한 노력을

… 우리는 재무장에 몰두하고 있습니다. 너무 막대해 그것에 대한 몰두는 평화 성취에 필수적인 정신적 참신함과 에너지를 우리에게서 더욱더 많이 빼앗을 것이 틀림없습니다. … 우리가 전쟁을 막으려 새롭고 더욱 적극적인 종류의 거의 초인적인 노력을 하지 않는다면 지금 전쟁은 아주 불가피한 것입니다. … 저는 제안합니다. …

우리는 월터 로이터Walter Reuther(미국 자동차 노조 위원장을 지낸 노동 운동가)가 이미 제안한 계획의 다양한 변형을 위해 즉각적인 토론의 제안을 주도해야만 합니다. 즉, 긴급한 생사의 문제로, 굶주리고 가난하고 절망에 빠진 수많은 동료 인간의 상황을 개선하기 위한 국제 기금을 창설해야만 합니다. 나는 내 나라가 제시하는 기여의 크기로 새로운 종류의 경쟁을 하며 세계에 도전하는 걸 보고 싶습니다. 그 도전이란 평화를 위한 노력의 경쟁입니다. 그래서 국제적 토론이 무익한 주제 대신 보람 있는 주제를 발견하는 국제적 정부를 초래할 수 있기를 바랍니다. 그래서 국제적 이익에 반하여 자국의 이익에 집중하는 데서 초래된 전쟁을 향한 경향이 역전될 수 있기를 바랍니다. 그래서 마침내 칼이 쟁기로 바뀔 수 있기를 바랍니다.

여러분에게 요청해도 되겠습니까? 이 편지에 동의하는 분은 누구나 그저 "좋습니다."라는 한마디를 쓴 엽서를 제게 보내 주십시오. 어떤 종류

의 행동을 할지 장담할 수는 없지만, 큰 반응이 있다면 뭔가 가능한 것이
나올 것입니다.

— 1951년 2월 7일 빅토 골란즈 드림

사회권, 같이 만들어 함께 쓰는 우산

+ 사회권에 관한 밴스 개념

> **2014년 2월,** 송파구에 사는 세 모녀가
> "정말 죄송합니다."라는 메모와 함께 전 재산인 현금 70만 원을
> 집세와 공과금으로 놔두고 스스로 생을 달리했다.
> 큰딸의 만성 질환과 어머니의 실직으로 생활고에 시달리다가 벌어진 일이다.

　한동안 햇살이 푸근하게 위로해 주는가 싶더니 어김없이 꽃샘추위가 왔다. 봄마다 입에 담는 말이지만 '꽃샘'이란 말은 참 예쁘고 희망적이다. 길고 음습하게 꽁꽁 얼리는 추위가 아니라 봄꽃을 시샘하는 추위니 곧 물러갈 거라며 움츠린 어깨를 안아 주는 것만 같다.

　그런 봄을 기다리지 못하고 겨울 속에서 떠난 이들의 소식이 자꾸 무겁게 내리누른다. 이름과 장소만 바뀌고 늘 '생활고 비관 자살'이라는 제목을 단 반복된 소식이다. 그리고 그 소식은 언론의 윗머리에 잠깐 올랐다가 금세 정치권의 소용돌이 소식으로 갈아치워진다. 좀 더 길게, 좀 더 깊이 애도하고 곱씹었으면 하는 바람과 기대는 허무하게 배신당한다.

어느 깊은 밤이었다. 동생들은 모두 잠들었고 맏이인 나에게 엄마는 어렵게 말을 꺼냈다. 엄마가 너무 힘들어서 당분간 '어디'에 맡길 테니 동생들 잘 보살피며 기다리면 엄마가 돈 벌어서 데리러 온다는 얘기였다. 차마 입에 올리지 못한 그 '어디'가 고아원이란 걸 어린 나이여도 알아들었다. 엄마가 결심을 결행할 그날이 오늘일지 내일일지 불안한 나날이 계속됐다. 동생들이 말썽이라도 피울라치면 간이 오그라들었다. 엄마가 속상하면 그날이 더 빨리 올지 모른다는 걱정 때문이었다. 하지만 엄마는 그 일을 결행하지 못했다. 그럴 용기가 없기 때문이었을 테다. 사실 그걸 용기라고 말할 수는 없지만 다른 단어가 떠오르지 않는다. 엄마의 눈치만 살피던 그 불안한 나날, 너무 속상한 날이면 "다 같이 죽자."라고 울먹이던 밤들이 지나갔다. 참 길고 추웠다. 지금 이 순간, 그 불안의 나날과 밤이 누구네 머리 위에서 펼쳐지고 있다는 것은 상상만으로도 끔찍하다. 하지만 그게 상상이 아니라 나날이 실제 벌어지고 있는 일이라는 것을 누구나 알고 있다.

이번 세 모녀 자살 사건 관련하여 가장 많이 쏟아진 말은 '복지 사각지대'인 듯하다. 사전에 따르면 '사각지대'는 '관심이나 영향이 미치지 못하는 구역을 비유적으로 이르는 말'이다. 그러니까 복지의 사각지대는 기존 복지 체계가 미치지 못하는 사람들을 가리키는데, 사각지대 운운하기에는 기존의 복지 자체가 민망하다. 우산이 너무 작은데, 우산 안에 들어오지 않아 비 맞은 것이라고 말하는 꼴이다.

이렇게 작은 우산을 파라솔로, 천막으로 키우는 데는 시민의 적극성이 반드시 필요하다. 소수 열악한 계층의 필요를 최소한으로 챙기는 것만으로 복지를 생각하면, 결코 정치의 주 관심사가 될 수 없다.

복지를 그런 수준으로만 대하면 대다수 시민은 자기 일이 아니라고 여기고 자기 주머니 단속에만 몰두한다. 그러다가 이런 극단적인 사건이 일어날 때만 정부를 타박한다고 그게 정치의 몫이 되지는 못한다. 가짜 수급자 색출, 자기와 가족 책임, 개인적 노력과 의무를 설파하는 주장에 무심코 끄덕일 게 아니다. 누구에게나 살아갈 권리가 있고, 이 사회 속에서 존엄하다고 이해되는 삶을 살 권리를 보장하는 일이 국가의 의무임을 챙겨서 생각해 봐야 한다. 챙기고 곱씹어 보지 않으면, 우리는 늘 자기 탓을 하거나 운명이라거나 어쩔 수 없는 일이라는 무력감에서 나아갈 수가 없다.

바람직한 복지가 무엇인지는 공익 광고나 선거 구호를 보면 쉽게 알 수 있다. 공익 광고야말로 학비, 의료비, 노후, 육아 등을 걱정하는 사람들 맘을 콕 짚어 말해 준다. 또한, 선거 구호 역시 그게 정치가 할 일임을 콕 짚어 알고 있는 듯하다. 속임수나 사기로 치면 고단수도 이런 고단수가 없다. 이런 똑같은 속임수가 매번 반복해서 먹히는 것은 속는 사람의 잘못이라고도 한다. 이런 어리바리한 사람들이 고수들을 제대로 대하려면, 정치 캠페인과 구호를 실상과 대조하고 반박하고 저항하고 요구하는 활동이 절실하다. 그런데도 그럴 시간과 자원이 있으면 자선이나 하라고 면박 주거나 방해하는 것 또한 속는 사람들의 전형적인 모습이다.

속고 싶지 않을뿐더러 자선으로 죄책감을 떨치는 길을 택하고 싶지 않은 사람이라면, 같이 우산을 만들어 함께 써야 한다. 물론 우산의 성격과 폭에 따라 복지, 생존권, 사회권이란 말을 가려 쓸 수 있다. 일반적으로 이 사회에서 복지는 아주 열악한 계층에 대한 질 낮은 구제를 뜻한다. 생존권 또는 생계권은 최소한의 생계를 뜻한다. 누리는 삶이라기보다는 부지·연명하는 생명의 수준일 수밖에 없다. 반면, 사회권은 존엄한 삶에 대한 존중을 표현하는 권리다.

물론, 다급하고 먼저 충족해야 할 요구가 있다. 가장 힘든 사람들부터 구하는 것도 맞다. 그러나 우선순위를 두는 것과 애초부터 한계를 두는 것은 전혀 성격이 다르다. 우리가 만들고 키우려는 우산의 폭과 성격은 어떤 이름을 우리가 붙이고 의미를 부여하느냐에 따라 크게 달라질 수 있다.

겉보기에는 똑같은 밥 한 그릇일지라도 그것을 시혜로서 받는 것이 아니라 권리로서 존중받는다는 데 사회권의 의미가 있다. 복지를 국가의 선심성 혜택으로 보는 것과 시민이 응당 받아야 할 권리로 보는 것의 차이이다. 권리란 그 상대방에게 존중의 의무가 발생하는 정당한 요구이기 때문이다.

문제는 어떤 것을 존엄한 삶에 필요한 목록으로 여기는가 하는 것이다. 인권으로서 사회권에 무엇을 어느 수준으로 넣을 것인지는 인권 분야의 오랜 고민이다. 최소 기준을 주장하는 의견과 도달 가능한 최상의 수준을 주장하는 의견 사이에 지나친 최소화와 지나친 웅대함에 대한 염려가 있다. 오늘 읽어 볼 인권문헌은 그 혼합이자 중간쯤에 해당하는 견해라 할 수 있다.

밴스 개념은 미국 카터 행정부에서 국무장관을 지낸 정치인 사이러스 밴스의 이름을 딴 것으로, 1977년 조지아 대학교에서 열린 법의 날 기념식 연설문 내용에서 나온 것이다. 알다시피 미국은 사회권을 배제하는 자유권 중심 인권관을 피력해 온 대표적인 국가다. 그런데 그 나라 정치인이 사회권을 인권의 내용에 넣은 발언을 했고, 더구나 최소한의 생계권을 주장하는 견해에 비해 한층 나아갔으니 어쩌면 주목받는 건 당연한 일이었다. 기초 생계뿐 아니라 '건강 보호와 교육'을 포함한 상대적으로 넓은 사회권을 주창한 것이다. 그리고 그것을 "사활적 필요vital needs의 실현에 대한 권리"라 일컬었다.

사회권을 아예 인권으로 돌아보지 않는 세력도 많지만, 한편에서는 밴스 개념을 소극적이라 보는 견해도 많다. 그 대표적인 견해는 사회권에 대한 역량 이론이다. 이에 따르면 우리는 받기만 하는 사람이 아니라 적극적으로 만드는 사람, 적극적인 참여자이자 기여자가 될 역량을 가졌다. 시민인 우리는 정부에게 요구할 권리를 가졌고 정부는 그것을 보장해 줄 적극적 의무가 있다. 단지 국가가 궁핍한 사람을 돕지 않은 의무만 따지는 것이 아니다. 궁핍은 돕지 않아서가 아니라 국가의 의도적이고 적극적인 활동 때문에 발생했다고 해석할 수도 있다. 가령 부자에게 이로운 세제나 법이 공공 서비스의 축소나 민영화 등이 가난한 사람을 더 어렵게 한다. 그러한 국가의 행동을 바꾸고 다른 방향으로 적극적으로 활동하도록 촉구해야 한다. 그것을 통해 우리는 단순히 형식적 권리를 지니는 것이 아니라 권리를 행사할 수 있다. 그런 역량의 발휘에는 그것을 뒷받침할 기본적 자원이 필요하고 시민이 그런 역량의 하한선 이상을 지닐 수 있도록 하는 것이 사회의 목표이자 국가가 보장해야 할 의무다.

소극적이냐 적극적이냐를 떠나, 밴스 개념에서 사용한 "사활적 필요"라는 말이 맘에 맺힌다. 말 그대로 죽고 사는 일에 관계된 필요다. 그 요구를 더 미룰 수 없다. 춥지만 한겨울은 아니라고, 적어도 봄에

대한 희망을 품은 꽃샘추위니까 같이 견디자는 믿음을 주는 사회가
내가 사는 사회면 좋겠다.

― 2014년 3월 6일에 씀

✦ 사회권에 관한 밴스 개념

… 시민권 운동의 초반에 많은 미국인은 그 문제를 남부 문제로 취급했습니다. 그들은 틀렸습니다. 그 문제는 우리 모두의 문제였고 지금도 그렇습니다. 이제 하나의 국가로서, 우리는 그런 실수를 해서는 안 됩니다. 인권 보호는 단지 소수의 지역이 아니라 모든 지역에 해당하는 도전입니다. …

인권이 뭘 뜻하는지 정의해 보겠습니다.

첫째, 사람의 고결성에 대한 정부의 침해로부터 자유로울 권리입니다. 그런 침해에는 고문, 잔인하고 비인간적이거나 모욕적인 처우 또는 처벌, 자의적인 체포나 구금이 포함됩니다. 공정한 재판에 대한 부인, 가정생활에 대한 침해도 포함됩니다.

둘째, 음식, 주거, 건강 보호, 교육 같은 사활적 필요를 실현할 권리입니다. 우리는 이런 권리의 실현이 부분적으로는 국가의 경제 발전 단계에 달렸음을 압니다. 하지만 또한 우리는 이 권리가 정부의 활동 또는 비활동으로 침해될 수 있다는 것도 압니다. 예를 들어, 가난한 사람에게 손해를 끼치면서 자원을 엘리트에게로 돌리는 부패한 당국의 처리를 통해서나 가난한 사람의 곤경에 대한 무관심을 통해서 말입니다.

셋째, 시민·정치적 자유들, 즉 사상의 자유, 종교의 자유, 집회의 자유, 언론과 출판의 자유, 자국 내외 모두에서의 이동의 자유, 정부에 참여할 자유가 있습니다.

우리의 정책은 이 모든 권리를 증진하는 것입니다. 이것은 모두 세계인권선언에서 인정된 권리입니다. …

우선 우리 자신에게 물어야 합니다. 우리가 대면한 문제의 성격은 무엇입니까? 가령 어떤 종류의 침해나 박탈이 있습니까? 그 정도는 어떠합니까? 침해에 어떤 유형이 있습니까? 그 경향은 인권에 대한 관심을 향한 것입니까 아니면 인권으로부터 멀어지는 것입니까? 정부가 관련된 통제와 책임의 수준은 어떠합니까? 정부는 기꺼이 독립적인, 외부의 조사를 받으려 합니까?

두 번째로 던져야 할 질문은 효과적인 활동을 위한 전망에 관해서입니다. 우리의 활동은 인권의 전반적인 목적을 증진하는 데 유용할까요? 우리의 활동이 바로 가까이에 있는 특정 조건을 실제로 개선할까요? 아니 그 대신에 더 악화시킬 것 같나요? …

— Vance Conception, 1977년 4월 30일, 조지아 대학교 '법의 날' 기념식 연설

3

March

새싹이 움트고 봄바람이 불어오는 달,
'진짜로 시작'이라 되뇌며 마음 끈을 조이는 달.

'진짜 새 출발'을 외치며 온 인류가 함께 되뇐 말
"다시는 결코 다시는."

결코 다시는 전쟁을 용납하지 않겠다.
결코 다시는 인권 침해와 독재를 용납하지 않겠다.

여전히
하지만 여전히
핵발전소는 돌아가고
포탄은 사람들의 심장을 겨누고 있다.

"다시는 결코 다시는."
참된 시작의 출발점은 여전히 여기에 있다.

"이제 그만!"을 외쳐야 삶이 계속된다

+ 후쿠시마와 인권

2011년 3월 11일
대지진과 지진해일로 후쿠시마 제1원자력발전소가 파손되면서
다량의 방사성 물질이 누출되었다.
지구라는 생명체와 인간의 존엄은 여지없이 무너졌다.

    우울한 편지도 우울한 노래도 싫지만, 우울한 얘기는 더더욱 싫다. 하지만 아무리 우울해도 꼭 들어야만 하는 얘기일 때가 있다. 돌아오는 4월 26일은 1986년 체르노빌 참사가 난 지 26년째 되는 날이다. 핵발전소 사고가 아니었다면 평생 들어보지도 못했을 그 이름에는 수많은 생명의 흐느낌이 담겨 있다. '정상적'으로 죽고 싶다는 것이 인간의 절실한 소망이 된 상황을 상상하는 일은 고통스럽다.

    여전히 고통 속에 있지만 희미해져 가던 체르노빌의 이름이 되살아난 것은 아주 가까운 비극에서다. 올 초 이치우 할아버지께서 분신하신 밀양처럼 송전탑이 지나는 곳 그 어디나 핵발전 산업의 거미줄에 걸려 있다. 그 어디나 가까운 지인의 고향이거나 삶터요, 나와 관

계없다 말할 수 있는 곳이 없다. 밀양만 봐도 내 동생과 조카들이 사는 곳이요, 내가 즐겨 먹는 청양고추와 얼음골 사과를 자랑하는 곳이요, 내 지인들이 조상 제사를 모시러 가는 곳이요, 대안학교를 세울 꿈을 꾸는 곳이다.

인류 최초의 원폭 투하 피해자들 속에서 일본인과 조선인의 경계 나눔이 부질없듯이, 작년 후쿠시마 참사와 지금도 한반도 곳곳에서 불안하게 돌아가고 있는 핵발전소의 우울한 결과를 어제와 내일로 나누는 것 또한 부질없다. 그래서 《민주주의에 反하다》의 저자 하승우는 "나는 당신과 다르다가 아니라 나도 언젠가는 당신의 처지가 될지 모른다는 공통성, 그렇기에 함께 손을 잡아야 한다는 깨달음"을 말한다. 결국, 이 우울한 얘기가 던져 주는 깨달음은 '너도 당할 거야.'라는 협박이 아니라 '고통에 손 내밀라.'라는 간절함이다.

따지고 보면, 오늘날 인권은 핵의 무서운 파괴력에 맞서고자 재정비되어 부활한 사상이다. 반핵은 현대 인권의 모태이자 출발점이다. 그런데도 인권은 너무 오랫동안 핵에 침묵했다. 핵발전소 폐쇄 이야기는 과학자나 환경운동의 몫이라고 누가 영역을 나눠 준 것도 아닌데 말이다.

인권 규범을 들어 핵을 비판한 사례를 살펴보자. 우선, 후쿠시마 1주년을 맞아 세계적인 인권 단체인 국제 앰네스티와 역시 세계적인 환경 단체인 그린피스가 '핵 논쟁: 후쿠시마의 교훈과 인권'이라는 주제로 토론했다. 앰네스티의 관계자는 인권과 안전하고 건강한 환경과의 연관성, 그에 대한 핵발전소의 영향을 부각하였다. 그린피스는 "핵에너지가 에너지 수요에 부응하는 최상의 방법이며, 안전하며, 탄소

방출을 줄여 기후 변화를 늦출 수 있는 대안"이라는 주장을 '원자력에 대한 미신'이라며 조목조목 반박했다. 이 토론의 기초가 된 보고서가 그린피스가 올 2월에 발간한 〈후쿠시마의 교훈〉이다. 오늘 읽어 볼 인권문헌은 이 보고서의 서문에 해당하는 〈후쿠시마와 인권〉이다.

국제 인권법에 근거해 핵발전 산업을 비판한 사례도 있다. 저명한 국제법 학자이자 인권활동가로서 미국의 대외 정책을 강력하게 비판해 온 프란시스 보일의 경우다. 보일은 후쿠시마 참사를 접한 뒤, 일본의 핵발전 산업은 국제형사재판소의 근거 규범인 로마 협약(2002년 7월 1일 발효) 7조에서 규정한 '인간의 존엄성에 반하는 범죄Crime against Humanity'라고 주장한다. '인간의 존엄성에 반하는 범죄'란 민간인 주민에 대한 광범위하거나 체계적인 공격의 일부로, 그 공격에 대한 인식을 가지고 범해진 일련의 행위를 가리킨다. '민간인 주민에 대한 공격'은 그러한 공격을 행하려는 국가나 조직의 정책에 따르거나 이를 조장하려고 민간인 주민에 대해 협약에 규정된 행위를 다수 범하는 것에 관련된 일련의 행위다. 그런 행위 중에서 보일이 지목하는 것은 7조 k항의 "신체 또는 정신적·육체적 건강에 대하여 중대한 고통이나 심각한 피해를 고의로 야기하는 유사한 성격의 여타 비인도적 행위"다.

일본이나 한국은 로마 협약의 당사국이기 때문에 그 적용을 받는다. 나아가 보일은 이 협약의 당사국뿐 아니라 세계 모든 국가의 핵발전 산업은 '인간의 존엄성에 반하는 범죄'라고 한다. 따라서 일본 시민이 일본의 핵발전 산업을 끝장내려고 이러한 법 규정을 이용해야 할 뿐만 아니라 세계의 여타 국가도 자국의 핵 산업에 대하여 마찬가지로 노력해야 한다고 했다.

반핵평화 소설 〈체르노빌의 아이들〉을 쓴 히로세 다카시는 이런 말로 책을 맺는다.

"핵발전소의 물질적 피해 등은 수치로 나타내면 그뿐이지만, 죽는 것은 어디까지나 단 하나뿐인 생명이다. 한 사람 한 사람이 그것을 알고 용기를 내어 핵발전소 건설은 이제 그만하라고 말한다면 반드시 현실을 바꿀 수 있다. 요컨대, 희망에 찬 미래를 창조해 나가는 것은 지금부터의 어른들, 바로 그대들인 것이다."

한국원폭2세환우회를 이끌었던 고 김형률 님은 생전에 한 기자에게 보낸 이메일에서 말한다.

"입원해 있으면서 저의 머리에서 떠나지 않은 것이 하나 있었습니다. 그것은 '삶은 계속되어야 한다.'라는 것이었습니다."

나는 "이제 그만!"이라고 말해야 "삶은 계속될 수 있다."라고 새겨듣는다. 오는 주말에 2차 탈핵희망버스가 고리와 밀양을 누빈다고 한다. "미어터지되 안전운행을 바란다."라고 하면, "핵발전소는 안전하다."라는 말처럼 모순일까?

— 2012년 4월 25일에 씀

+ 후쿠시마와 인권

지진이 이 세상 어딘가를 강타할 때 그것은, 오랫동안 땅 밑에 존재해 왔지만 지진이 터지는 순간까지는 보이지 않았던 숨겨진 힘과 틈을 가시화한다. 최하층의 바위 속 깊이 있던 단층선이 땅에서 새로운 균열을 내며 우리 발밑에 등장한다. 늘 변하고 움직이고 있는 우리 지구의 엄청난 힘이 무섭도록 명확해진다.

마찬가지로 지진, 쓰나미, 홍수, 태풍 또는 화산 폭발이 됐든 어떤 재난이 발생할 때마다 그것은 사회 및 정치 체제의 표면 밑에 있는 틈을 노출한다. 그런 틈들은 보이지 않는 것일 수도 있지만, 우리가 그 존재를 언제나 대충은 알고 있으면서도 지금껏 무시해 올 수 있었던 것일 수 있다. 동일본 지진은 지진, 쓰나미 그리고 핵사고라는 삼중의 비극으로 일본의 사회·경제적 및 정치 기구뿐 아니라 국제적 기구 속에 있는 전반적인 틈이나 약점을 드러냈다.

지진과 쓰나미는 아주 명백하게 일본 핵발전 산업의 규제와 운영의 약점을 드러냈다. 그것은 정말 시스템의 '숨겨진' 실수가 아니었다. 오히려 그것은 수십 년 동안 많은 사람이 알고 있었고, 글을 쓰고 경고해 왔던 약점이었다. 가령 내 책꽂이에는 35년도 더 된 1975년에 나온 영어 잡지 《Ampo》의 복사본이 있다. 그 잡지의 〈핵원자로: 궁극적 오염을 무릅쓰다〉라는 기사는 일본의 신규 핵발전소의 취약성을 주목하고 있다. 그리고 1971년(후쿠시마 다이치 발전소가 허가된 해)에 미국 정부가 했던 경고를 지적하고 있다. 비상 노심 냉각 장치가 작동하지 않는다면 후쿠시마 핵발전소 경수로는 '치명적인 핵폭발과 광범위하게 퍼지는 방사성 낙진'을 겪을 위험이 있다는 내용이다.

　오늘날 그러한 치명적인 폭발이 인간에게 끼친 결과를 후쿠시마 현 언덕의 아름다운 고원에 있는 여관촌에서 끔찍하게 볼 수 있다. 잘 가꿔진 농장과 작은 상가가 마을 중심에 나란히 열을 지어 있다. 지역 쇠고기와 산나물을 제공한다는 광고판을 내건 식당들이 행인을 유혹한다. 자전거의 대열이 끊임없이 길을 스쳐 가지만 그들 중 아무도 멈춰 서지 않는다. 주차장은 텅 비었고, 들판에는 작물이 없다. 학교 운동장에서 노는 아이도 전혀 없다. 재난이 난 지 거의 1년이 지났지만, 여관촌의 온실에는 키 큰 잡초만 무성하다. 후쿠시마 제1호 핵발전소에서 40km 떨어져 있는데도, 여관촌은 유령 마을이다.

여관촌 마을 회관 바깥에서 내 동료 중 한 명이 가져온 방사능 측정계가 시간당 13.26마이크로시버트microsievert를 가리킨다. 이것은 자연 배경 방사능의 약 100배 수준이다. 그가 측정계를 회관 앞 하수구 위에 대자, 측정계는 아예 멈춰 버렸다. 방사능 수위가 측정계의 용량을 넘어선 것이다. 여관촌 같은 장소에서 재빨리 배울 수 있는 것 중 하나는 상대적으로 작은 장소 내에서 방사능 수준이 엄청나게 다를 수 있다는 것이다. 여관촌은 운 나쁘게도 해안에서 부는 바람이 산과 만나는 지점에 있어, 순식간에 방사능 투하의 위험지대가 되었다. 마을 주민은 핵사고의 영향을 받은 지역에서 소개된 15만 명에 속하게 됐고, 언제 집으로 돌아갈 수 있을지 모른다.

현재 후쿠시마 현의 사고 영향 조사의 상당 부분은 전문적인 과학자가 아니라 전혀 과학적 훈련을 받지 않은 지역의 보통 사람에 의해 이뤄지고 있다. 이들은 절실하게 자기 주변 세상을 이해하려고 애쓰고 있다. 가령 미하루 마을에서는 지역 농부(대부분이 노인이거나 여성)가 작물을 기르면서 마을회가 제공한 방사능 측정 장비를 갖고 작물 테스트를 하고 있다. 그 결과는 깜짝 놀랄 만하다. 일부 작물은 아주 높은 수준의 방사성 세슘으로 오염되어 있는 반면 어떤 작물은 전혀 오염을 보이지 않으며, 협력하는 자원자들의 지원으로 전국의 소비자에게 팔릴 것이다. 당국은 시장에서 팔리는 다양한 상품, 특히 식품의 방사능을 정확히 통제하고 규제할 능력이 없다.

후쿠시마 시내의 작은 쇼핑가에서는 벨로루시(체르노빌 사고로 최악의 영향을 받은 국가 중 하나)에서 수입한 전신 방사능 측정기(내부 피폭 측정기)를 포함하여 방사능 측정 장비의 강력 배터리에 대한 지역민의 관심사에 대해 지역 시민들이 자구책을 내왔다. 하지만 기부로 재정을 충당하며 과로에 지친 자원 활동가로 인력을 꾸린 '시민 방사능 측정소'는 자문을 구하려고 끊임없이 몰려드는 질문과 요청에 고전하고 있다. 2011년 말 현재, 후쿠시마 시 일각의 외부 방사능 수준은 자연 배경 방사선의 10배에 이른다. 하지만 그 수준은 여전히 정부가 공식적으로 '안전'하다고 선언한 범위 내에 있다.

이런 불확실성에 당면해 많은 가족이 흩어졌다. 배우자와 아이들은 일본의 다른 지역이나 심지어 외국에 가서 살도록 보내졌지만, 생계 부양자는 후쿠시마에 남았다. 위험이 아무리 적어도 결국 부모가 원하는 건 제때 움직이지 않으면 아이들이 암에 걸릴 수도 있다는 가능성을 확인하고 싶은 것인가?

그러나 그런 피난은 대가를 치러야 한다. 이별과 장소 변화의 부담을 포함하여 명백한 심리적 부담이 있다. 학교를 바꿔야 하고, 친지와 친구들로부터 멀리 보내진 아이에게 특히 그렇다. 재정적 부담 또한 높으며 그 부담은 광범위한 사회가 질 것이다. 하지만 함정이 있다. 도쿄전력의 현행 보상 체제는 정부가 지시한 피난을 기준으로 한다. 이것의 의미는 오직 강제적으로 이주한 사람만이 보상을 청구할 자격이 있다는 것이다. 따라서 지정된 소개 지역민은 전력 회사 또는 정부로부터 보상을 받겠지만, (특정한 소개 지역 바깥에서는 일체의 건강 위협이 없다고 주장하고 있으므로)

일본 정부는 후쿠시마 시를 자발적으로 떠나기를 선택한 사람의 비용은 지원을 거부했다.

2011년 12월, 정부는 강제 소개 구역 바깥에 있지만 방사능 수준이 높은 23개 시 거주자에게 한정된 액수의 지원을 주라는 자문단의 권고를 마침내 받아들였다. 하지만 거주자가 그 지역을 떠났거나 남아 있거나에 상관없이 지급되는 이 지원은 오염 지역에서 멀리 이동하여 발생하는 비용의 단지 일부에 지나지 않는다.

십만 명이 넘는 후쿠시마의 핵 피해자가 자신의 청구가 처리되기를 기다리고 있다. 보상받을 자격이 없는 것으로 알려진 사람들은 자신의 청구를 해결하려고 재판을 해야 할 수도 있다. 많은 사람이 아무것도 전혀 받지 못할 것이다. 변호사와 독립적인 관측자들은 후쿠시마 피해자에게 보상 청구를 최대한 제한되고 관료적이고 어렵게 만듦으로써 청구를 억제하는 것이 도쿄전력과 정부의 전략이라고 말한다.

2011년 5월 설립된 '코모도 후쿠시마'라는 지역 민간단체의 한 자원 활동가는 재난의 인간적 차원을 웅변적으로 묘사한다. 여관촌에서 세 개의 학교에 다니던 240명의 아동 중 상당수가 공식적으로 안전하다 선언된 후쿠시마 시로 피난하게 된 반면, 학교 캠퍼스는 여관촌 언덕 아래(소개된 지역 바로 바깥에 있는) 가와마타 시 근처로 옮겨졌다. 피난하여 지금은 후쿠시마 시에 사는 아이들이 학교에 가려면 아침 6시에 떠나 오후 늦게 돌아오는 학교 버스를 타야만 한다. 학교에 있는 동안에 아이들은 방사능 공포 때문에 바깥에서 놀거나 운동을 하는 것이 허용되지 않는다. 후쿠시마 시에 있는 가족들의 피난처로 돌아와도 아이들은 여전히 정상 수준보다 10배 높은 방사능 수준에 노출돼 있다. 많은 아이가 피로 증세와 낮은 면역 수준을 보이고 있다. 그 누구도 그것이 아이들이 감당해 온 사회적 붕괴 또는 높아진 방사능 수준의 결과라고는 말하지 않을지라도 말이다.

'코모도 후쿠시마'는 지역 아동을 지원하는 수많은 민간단체 중 하나로, 일본의 다른 지역과 외국에도 요양소를 세우기 위한 운동을 하고 있다. 요양소란 특히 취약한 아동(여관촌처럼 소개된 지역 출신 아동을 포함하지만 그에 국한되지 않는)의 방사능 수준을 낮추고 정신적 신체적 건강을 회복할 수 있도록 두 달여 동안 아동을 보낼 수 있는 곳이다. 이 단체 회원들은 재난에 대한 반응이 다양하다는 것을 인식하고 있다. 어떤 가족은 피난을 원하지만, 어떤 가족은 그렇지가 않다. 후쿠시마 현의 많은 이들은 방사능의 위험을 정말로 무시할 수도 있는 반면, 걱정을 '과잉반응'으로 치부할 수 없는 상황이거나 '그만 걱정하라.'는 되풀이되는 지시로는 달랠 길 없는 상황에 있는 사람들도 있다.

유엔아동권리협약은 "도달 가능한 최상의 건강 기준을 누릴 아동의 권리를 인정할 것"을 정부들에게 요구하고 있다. 후쿠시마 사고에 책임져야 할 회사인 도쿄전력, 일본의 지역 및 중앙 정부, 그리고 세계 공동체는 후쿠시마의 아동에 대한 자신의 의무를 이행해야 할 것이다.

* 그린피스 한국 홈페이지에서 이 보고서의 한글 요약본과 영문본 전체를 볼 수 있다. Lessons from Fukushima (www.greenpeace.org/korea/multimedia/publications/2012/2/lessons-fukushima1/)

오랜만에 명동성당에 다녀왔다. 4대강 사업을 멈추기 위한 천주교 사제들의 단식 농성이 시작됐기 때문이다. 첫날 비가 심하게 퍼부었다. 처마 밑에 침낭을 깔고 누운 늙고 젊은 사제들에 아랑곳없이 비는 밤새 퍼부었다.

사무실을 찾은 대학생 기자들과 인터뷰했다. "지금 인권이 얼마나 후퇴했다고 보느냐?"라는 질문에 망설임 없이 "정말 많이 후퇴했다."라고 답했다. 그 증거로 사제단 농성을 들었다. 우리에게는 수많은 인권의 원칙과 그 원칙을 지키고 실현하려는 제도와 논의의 장이 있다. 그런데 그것들이 도무지 작동하지 않는다. 작동하지 않을뿐더러 오히려 인권 침해를 위해 동원되고 왜곡되고 있다. 언론, 국회, 법 집행 기구, 국가인권위 등이 제 역할대로 작동하지 않기에 사제단, 승려, 목사까지 거리에 나서고 있다. 이것만큼 위기의 신호가 더 클 수 있을까? 민주주의의 꽃이라는 선거를 앞둔 지금, 인권과 환경에 너무도 중요한 핵심 쟁점에 대해 입도 벙긋 못 하게 하니, 밥을 굶으며 거리의 정치에 나서게 된 것 아닌가?

"인권은 환경, 평화와 상호의존적이고 불가분적"이라는 말이 백번 옳다는 생각이 든다. 표현의 자유가 억눌리고, 악법들이 무정차 통과되고, 비판과 저항에는 법 집행이 남발되고, 전쟁 선동에 부끄럼을 잃은 인간의 현실과 포클레인에 유린당하는 뭇 생명의 위기가 동시에 진행되고 있으니 말이다.

애도는 사람 간의 관계에서 너무나 귀하고 근본적인 감정이자 의무다. 5. 18 영령들, 고인이 된 대통령에 대한 애도조차도 제대로 할 수 없는 지금, 강들에 대한 애도, 강과 함께 죽어 가는 뭇 생명에 대한 애도도 허용되지 않는다. 인권과 환경의 상호의존성과 불가분성을 처절하게 보여 주는 듯하다.

환경 운동을 하다 초국적기업과 군부정권의 음모로 사형당한 나이지리아의 활동가 켄 사로 위와는 "환경은 인류의 첫 번째 권리다."라는 말을 남겼다. 이 첫 번째 권리에 대한 의무는 당연히 "환경을 보호하고 보전할 의무"다. 이런 당연함을 정리한 것이 1994년 유엔의 '인권과 환경에 관한 원칙'이다.

1994년 유엔 인권위원회의 특별보고관 파트마 크센티니가 유엔 인권 최고대표에게 보고서를 제출했다. 이 보고서는 생태계의 보전과 유지가 인권과 직접 연결된다고 주장하여 큰 주목을 받았다. 또한 크센티니는 보고서 끝에 '인권과 환경에 관한 원칙 초안'을 제시했다. 그녀의 이름을 따서 이 원칙은 크센티니 원칙이라고도 불린다. '초안'이라는 말에서 보이듯 정식 규약으로 채택되지는 않았지만, 이 초안은 환경권의 내용이 무엇인지를 보여 주는 유엔 최초의 문서다. 이 초안 이후 기존의 인권 항목들을 환경과 연관 지어 구체적, 적극적으로 해석하는 흐름이 이어져 왔다.

'환경권'은 오늘날 낯설지 않은 말이 됐다. 하지만 환경권의 내용이 무엇이며 어떤 식으로 구현될 수 있는지는 말을 아낀다. 이 원칙에서는 개인적으로나 타인들과 결사해서나 환경을 지키려는 노력에 나서는 것을 권리이자 의무로 규정하고 있다. 개인의 웰빙만을 강조할 뿐 생태계에 대한 존중을 표현하지 않는 환경권 같은 건 말장난이지 절대 성립할 수가 없다. 또한, 환경을 얘기할 때 인간을 위한 인간의 대상으로만 말하면 그것은 온전한 환경일 수가 없다. 환경은 인간을 포함하여 생태계를 구성하는 모든 존재를 아우를 때 환경일 수 있다. 이 원칙에서는 사람만이 아니라 공기, 토양, 물, 빙하, 식물군, 동물군의 이름을 부르고 있다. 마찬가지로 우리가 강의 이름을 절절히 부를 때, 거기에는 인간을 포함한 모든 생명이 담겨 있다. 강을 얘기하는 것은 곧 인간을 얘기하는 것이고, 인간의 표현할 권리를 말하는 것은 곧 생태계의 소리에 귀를 기울일 의무도 함께 말하는 것이다.

— 2010년 5월 19일에 씀

인권과 환경에 관한 원칙 초안 (1994 유엔인권위원회)

I

1. 인권, 생태적으로 건강한 환경, 지속가능한 발전, 평화는 상호의존적이고 불가분적이다.

2. 모든 사람은 안전하고, 건강하고, 생태적으로 건강한 환경에 대한 권리를 갖는다. 이 권리와 시민적, 문화적, 경제적, 정치적 및 사회적 권리를 포함한 여타 인권은 보편적이고 상호의존적이며 불가분적이다.

3. 모든 사람은 환경에 영향을 끼치는 행위와 결정에 관하여 어떤 형태의 차별로부터도 자유로워야 한다.

4. 모든 사람은 현세대의 필요를 평등하게 충족시키기에 적절하고, 미래세대의 필요를 평등하게 충족시키기 위해 미래세대의 권리를 해치지 않는 적절한 환경에 대한 권리를 갖는다.

II

5. 모든 사람은 국경 내에서나 밖에서나 오염, 환경 파괴, 환경에 나쁜 영향을 끼치며 생명, 건강, 생계, 복지 또는 지속적인 발전을 위협하는 활동으로부터 자유로울 권리를 갖는다.

6. 모든 사람은 공기, 토양, 물, 빙하, 식물군과 동물군, 생물 다양성과 생태계 유지에 필수적인 과정과 영역을 보호하고 보존할 권리를 갖는다.

7. 모든 사람은 환경 침해로부터 자유로운, 도달 가능한 최상의 건강에 대한 권리를 갖는다.

8. 모든 사람은 자신의 안녕에 적합한 안전하고 건강한 식량과 물에 대한 권리를 갖는다.

9. 모든 사람은 안전하고 건강하게 작동하는 환경에 대한 권리를 갖는다.

10. 모든 사람은 안전하고 건강하며 생태적으로 건강한 환경에서 적절한 주거, 토지 보유, 생활 조건에 대한 권리를 갖는다.

11. (a) 모든 사람은 비상시, 또는 전체로서의 사회에 이로운 목적을 수행하고 다른 수단에 의해서는 그 목적을 달성할 수 없는 경우를 제외하고는, 환경에 영향을 끼치는 결정 또는 행위의 목적을 위해서나 그 결과에 의해서나, 자신의 집 또는 토지에서 퇴거당하지 않을 권리를 갖는다. (b) 모든 사람은 퇴거에 관하여, 그리고 만약 퇴거된다면 시기적절한 배상, 보상, 적절하고 충분한 거처 또는 토지에 대한 권리에 관하여 효과적으로 결정에 참여하고 협의할 권리를 갖는다.

12. 모든 사람은 자연재해 또는 기술적 재해 또는 기타 인간이 야기한 재해의 경우에 시기적절한 원조에 대한 권리를 갖는다.

13. 모든 사람은 문화적, 생태적, 교육적 목적, 건강, 생계, 여가, 정신적 및 기타 목적을 위하여, 자연과 자연자원을 보존하고 지속가능하게 이용하여 평등하게 혜택을 받을 권리를 갖는다. 여기에는 생태적으로 건전한 자연에 대한 접근이 포함된다. 모든 사람은 그 지역에 사는 사람들 또는 집단들의 기본적인 권리와 일치되는 유일무이한 장소를 보존할 권리를 갖는다.

14. 원주민은 자신의 토지, 지역, 자연 자원을 통제할 권리, 전통적 생활 양식을 유

지할 권리를 갖는다. 여기에는 생존 수단의 향유에서 안전할 권리가 포함된다. 원주민은 땅, 공기, 물, 빙하, 야생생물 또는 기타 자원을 포함하여 그들의 지역을 파괴하는 결과를 낳을 수 있는 어떠한 행위 또는 행동 과정으로부터도 보호받을 권리를 갖는다.

III

15. 모든 사람은 환경 관련 정보에 대한 권리를 갖는다. 여기에는 환경에 영향을 끼치는 행위 또는 행위 과정에 대한 정보, 환경에 관한 의사결정에 효과적인 대중의 참여를 용이하게 하는 데 필수적인 정보가 포함된다. 정보는 시기적절하고, 분명하며, 이해 가능하고, 정보 청구자에게 부당한 재정적 부담 없이 이용 가능한 것이어야 한다.

16. 모든 사람은 환경에 관하여 의견을 갖고 표현하며 사상과 정보를 배포할 권리를 갖는다.

17. 모든 사람은 환경과 인권 교육에 대한 권리를 갖는다.

18. 모든 사람은 환경과 발전에 영향을 끼치는 계획과 의사 결정 활동과 과정에 능동적이며 자유롭고 의미 있는 참여를 할 권리를 갖는다. 여기에는 제안된 계획의 환경적, 발전적, 인권적 결과를 사전에 평가할 권리가 포함된다.

19. 모든 사람은 환경 보호 또는 환경 파괴로 영향을 받는 사람들의 권리 보호를 목적으로 타인과 자유롭고 평화적으로 결사할 권리를 갖는다.

20. 모든 사람은 환경 피해 또는 그러한 피해의 위협에 대하여 행정 및 사법 절차에서 효과적인 구제와 보상에 대한 권리를 갖는다.

IV

21. 모든 사람은 개인적으로든 타인들과 결사해서든 환경을 보호하고 보존할 의무를 갖는다.

22. 모든 국가는 안전하고, 건강하며 생태적으로 건전한 환경에 대한 권리를 존중하고 보장해야만 한다. 따라서 모든 국가는 이 선언의 권리들을 효과적으로 집행하기 위해 필수적인 행정적, 입법적 및 기타의 조치들을 채택해야만 한다.

(이하 생략)

— Draft Principles On Human Rights And The Environment, 유엔문서번호 E/CN.4/Sub.2/1994/9, Annex I(1994)

누가 '인도주의적' 폭격이라 말하는가

+ 당신이 이라크인임을 아는 것은 이런 때입니다
+ 핵실험 장소에 내가 보트를 저어 가는 이유

2001년 9월 11일 테러 이후,
이라크의 대량살상무기를 제거하겠다는 명분으로
2003년 3월 20일 오전 5시 30분
미국과 영국 등이 바그다드 남동부 등에 미사일 폭격을 가했다.

지난 3월 20일은 미국과 영국이 이라크를 침공하여 이라크 전쟁이 일어난 지 8년이 된 날이었다. 구실이 됐던 대량살상무기는 없던 것으로 일찌감치 밝혀졌다. 인권을 명분으로 한 전쟁이라는 형용모순으로 석유에 대한 탐욕을 위장하여 지탄받은 전쟁이었다. 4400명 이상의 미군이 죽었고 3만 명 이상이 심각하게 다쳤다. 9. 11 테러로 3000여 명이 사망했던 것보다 훨씬 더 큰 희생이었다. (물론 희생된 생명을 계량화할 수는 없다. 하지만 이라크 침공의 구실이 얼마나 형용모순인지 다시 한 번 지적하려고 어쩔 수 없이 비교를 한다.) 더 큰 고통을 받은 것은 미국이 '해방'시키겠다고 했던 이라크인이었다. 정확하게 헤아려지지조차 않은 이라크 민간인의 희생은 엄청난 것으로 추측된다. 이라크 침공의 직접적인 결과로 적어도 10만여 명의 민간인이 사망했다.

총격으로 사망한 사람도 많지만, 의약품과 깨끗한 물의 부족으로 죽어 간 이들의 숫자는 이보다 훨씬 더 많다. 폭격과 경제 제재로 전기 시설, 하수 처리장, 수도 시설, 병원 등이 파괴됐기 때문이다. 400만 명 이상의 이라크인이 고향을 떠나야 했고 여전히 피난민으로 살아가고 있다. 8년이 지난 지금, 이라크의 생활 조건은 사담 후세인 시절보다 더 악화됐다고 평가된다. 이라크 포로에 대한 잔인한 고문으로 온 세계가 가슴 덴 기억이 있고, 이라크 땅은 우라늄으로 오염되는 등 남겨진 상처가 한둘이 아니다. 고문 후유증과 유아 사망률과 암 발생률의 증가는 이라크인이 평생 짊어질 짐이다. 하지만 오바마 대통령의 미군 철수 약속에도 불구하고 완전 철수는 아직 이뤄지지 않았다.

부끄러운 8년의 기억 위에 비슷한 사건이 재연되고 있다. 등장인물만 달라졌을 뿐 비슷한 시나리오다. 리비아에서 벌어지고 있는 일이 그렇다. 그런데 '인도주의적' 폭격이라는 형용모순, '독재'의 축출을 명분으로 한 '개입'과 자국 시민의 투쟁과의 '연대' 사이의 거리는 참 애매하다. 그 때문에 폭격에 나선 이들의 말도 행동도 이리 새고 저리 새고 있다. 이스라엘의 팔레스타인에 대한 살인에는 딴전 피다가 카다피에 대해서는 왜 불끈하는지 대답해 보면 갈팡질팡한 원인을 알 것이다.

정치, 경제, 외교, 군사 전문가 등이 이런저런 소리를 쏟아낸다. 하지만 그걸 통해 판단할 기회와 통로가 대부분 사람에게는 멀 뿐 아니라, 그걸 일방적으로 신뢰하기 어려운 것도 현실이다. 그래서 우리는 자신에게 이렇게 물어본다.

내가 전쟁을 겪은 이라크인이라면, 내가 폭격 앞에 놓인 리비아인이라면, 내가 핵 앞에 놓인 일본인이라면, 내가 비정규직으로 쫓겨난 그이라면, 내가 꽃샘추위의 칼바람 한가운데 크레인 위 농성자라면, 내가 직업병으로 고통받다 죽은 젊은이라면······. 우리는 이런 물음 속에 고통을 한 호흡 들이마시며 느끼고 생각한다. 그리고 다음 호흡에 어떤 행동을 같이 토해 낸다.

1958년 히로시마 원폭 희생자들의 고통을 마음으로 느끼고 행동으로 옮긴 사람이 있었다. 그해 앨버트 비즐로우란 평화운동가와 그 동료들이 작은 배를 타고 태평양 한복판 비키니 섬으로 향했다. 그곳은 미국의 핵실험 장소였다. 핵실험에 반대하는 서명 운동과 당국자 면담 시도가 별반 효과가 없었기에 '비폭력 직접행동'이 필요하다고 여겨서 내린 결단이었다. 몇 차례의 항해 시도가 당국의 체포와 투옥으로 실패한 끝에 그가 탄 배 '불사조 히로시마'는 핵실험에 반대하여 실험 지역에 들어간 최초의 배가 됐다. 비즐로우는 미 해군 장교로 제2차 세계대전에 복무했다. 하지만 1945년 히로시마에 원자폭탄이 투여됐다는 소식을 들은 그는 평생 연금을 탈 수 있는 자격을 불과 한 달 남겨 두고 해군에서 사임하고 평화운동가로 변신했다.

우리에게 필요한 호흡을 위해 두 개의 글을 소개한다.

〈당신이 이라크인임을 아는 것은 이런 때입니다〉라는 이라크에서 온 편지는 '평화를 위한 여성들CODEPINK' 사이트에 올려져 있는데, 발신자는 이라크의 오마르이고 발신일은 2007년 12월 12일이다.

〈핵실험 장소에 내가 보트를 저어 가는 이유〉라는 비즐로우의 글은 앞부분에는 자신의 생에 대한 얘기와 청원과 서명운동 끝에 직접행동을 취할 수밖에 없게 된 경과를 적고 있다. 소개하는 부분은 이 글의 후반부다.

지진은 불가항력의 자연재해라면 전쟁과 핵의 위험은 우리가 알면서 저지르는 잘못이라는 것을 일찍이 경고한 사람들을 기억할 이유는 오늘날 더 이상의 설명이 필요치 않을 테다.

— 2011년 3월 23일에 씀

+ 당신이 이라크인임을 아는 것은 이런 때입니다

갑자기 뜻밖의 무장 집단이 급습할까 봐 집에서 잠옷 차림으로 지낼 수 없을 때입니다.

매일 24시간 중 2시간에서 6시간만 전기가 들어올 때입니다.

집에 필수적인 장치가 고장 났어도 그걸 고칠 수 없는 이유가 한둘이 아닐 때입니다.

당신과 아내가 감정에 대한 관심을 잃을 때입니다.

일상의 스트레스 때문에 당신과 아이들 사이가 엉망이 될 때입니다.

집을 나가면서 다시 귀가할 수 있을지 확신할 수 없을 때입니다.

자아를 드러내지 못하고 모욕을 꾹꾹 참아 낼 것을 강요받을 때입니다.

백주 대낮의 무장 강도가 무서워 몸에 지닐 만큼 이상은 아무것도 사지 못할 때입니다.

목숨을 부지하려 진실해질 수 없는 제 모습을 보게 될 때입니다.

지금보다 과거가 얼마나 좋았던가, 늘 과거만 생각하고 있을 때입니다.

내일은 어찌 될지 전혀 알 수 없는 때입니다.

가족이나 나 자신을 지키기에는 자신이 너무 허약하다는 걸 깨달을 때입니다.

기도 장소로 갈 수 없을 때입니다.

거리에서 사랑 노래를 흥얼거릴 수 없을 때입니다.

자기 내면에서 절실히 '아니'라고 여기는 것을 '아니'라고 말할 수 없을 때입니다.

세계 어느 나라에든 비자를 신청하면 거절된다는 것을 알 때입니다.

울 수조차 없고 온 세상이 날 잊었다는 두려움에 함몰될 때입니다.

당신이 이 모든 것을 당신 속에 품고 있다면, 그건 바로 당신이 이라크인임을 뜻합니다.

✛ 핵실험 장소에 내가 보트를 저어 가는 이유

나는 갑니다. 셰익스피어가 말했듯이 "행동은 웅변"이기 때문입니다.

그러한 직접행동이 없다면, 보통 시민에게는 그들의 정부에게 그들을 보게 하고 듣게 하는 힘이 없게 됩니다.

나는 갑니다. 모든 사람처럼, 내 맘속 깊이, 모든 핵폭발은 끔찍하고 나쁘며 인간 존재에게 무가치하다는 것을 알기 때문입니다.

나는 갑니다. 전쟁이 더는 봉건시대의 마상 시합이 아니라 모든 인류에게 생각지도 못할 파국이기 때문입니다.

나는 갑니다. 어린아이, 우리 대부분, 아직 태어나지 않은 이들이 지금 바로 최전선의 군인이기 때문입니다. 이 사람들과 이 끔찍한 위험 사이를 가로막고 서는 것이 나의 의무입니다.

나는 갑니다. 잔학 행위를 더 방관하는 것, 방관함으로써 동의하는 것, 따라서 잔학 행위에 협력하는 것이 나에게는 비겁하고 수치스럽기 때문입니다.

나는 갑니다. 목적이 수단을 정당화한다고 말할 수 없기 때문입니다. 퀘이커교도인 윌리엄 펜은 말합니다. "선한 목적은 악마적 수단을 신성하게 만들 수 없다. 많은 선이 그 결과로 생긴다 할지라도 우리는 결코 악을 행해서는 안 된다." 공산주의자 밀로반 질라스는 말합니다. "목적을 보장한다는 수단이 악한 것으로 보이자마자, 그 목적은 스스로 실현 불가능함을 보이는 것이다."

나는 갑니다. 간디가 말한 것처럼 "신은 내 반대편 사람 쪽에 앉아 계십니다. 따라서 그를 해치는 것은 신을 해치는 것"이기 때문입니다.

나는 갑니다. 우리가 모두 알고 있는 "무력은 정복할 수 있지만 사랑은 얻을 수 있다."라는 깊은 본질의 진실에 증인이 되러 갑니다.

나는 갑니다. 정부들이 아무리 잘못이고, 옳지 않고, 뉘우칠 줄을 모를지라도, 나는 여전히 모든 사람이 정말로 양심을 품고 있으며 나의 행동이 그 선한 양심에 말하리라는 것을 믿기 때문입니다.

나는 갑니다. 정부에 있는 사람들의 마음과 정신의 변화를 돕는다는 희망을 품고 갑니다. 필요하다면 나는 기꺼이 내 목숨을 내놓을 겁니다. 공포와 무력과 파괴의 정책을 신뢰와 친절과 도움의 정책으로 변화시키는 걸 돕기 위해서는 말입니다.

나는 말하러 갑니다. "이런 낭비, 이런 무기 경쟁을 멈춥시다. 그 대신에 군비 축소 경쟁으로 바꿉시다. 악을 위한 경쟁을 멈추고 선을 위해 경쟁합시다."

나는 갑니다. 내가 나를 인간이라 부를 수 있으려면 그래야만 하기 때문입니다.

뭔가 끔찍한 일이 벌어지는 걸 당신이 볼 때면, 당신의 본능은 그것에 대해 뭔가를 합니다. 당신은 무서운 냉담으로 얼어붙을 수도 있고 뭐 그렇게 끔찍한 일이 아니라고 말할 수도 있습니다. 나는 그럴 수가 없습니다. 나는 행동해야만 합니다. 이건 너무 끔찍한 일입니다. 우리는 그걸 알고 있습니다. 우리 모두 행동합시다.

4

April

눈부신 진달래 사태에 눈물 나는 달,
계절의 아름다움이 인간사의 서러움을 자극하는 달.

뭔가 소중한 걸 잃었다.
내가, 또 고통으로 연결된 우리가 '상실'한 것이 무엇인지
찾고 또 찾으려 한다.
홀로 골방에서 슬퍼하기보다는
애도하는 서로의 얼굴과 느낌을 나누려 한다.
우리의 마음밭과 제도적 뼈대에 대한 진상 조사를 계속한다.

사라졌다, 304개의 우주가 사라졌다

+ 인간 존엄성에 관한 위원단의 보고서

2014년 4월 16일 오전 8시 50분경
대한민국 전라남도 진도군 조도면 부근 해상에서
인천발 제주행 연안 여객선 세월호가 전복되어 침몰했다.
2014년 4월 18일 세월호는 완전히 침몰했으며,
295명이 사망하였고 9명의 시신은 아직도 바닷속에 있다.

파블로 카잘스의 〈바흐의 무반주 첼로 모음곡〉을 듣고 싶다. 음악
애호가여서가 아니다. 오히려 문외한이다. 따뜻하게 등을 쓸어 주는
손길 같은 그의 연주에서 위로받고 싶기도 하거니와 앉은키가 첼로
만큼 작달막한 그 연주가의 말을 새삼 크게 떠올리고 싶어서다.

'첼로의 성자'라 불리는 그는 훌륭한 예술인일 뿐 아니라 "인간 존
엄성의 문제는 우리 모두의 문제이고, 불의에 저항하는 것은 인류 양
심의 문제"라 말하는 인간애의 소유자였다. 그는 조국에 독재 정권이
들어서자 저항의 표시로 10년간이나 연주를 하지 않았고, 독재 정권
을 돕는 어떤 나라에서도 연주하기를 거절했다.

그는 〈바흐의 무반주 첼로 모음곡〉 악보를 거리의 헌책방에서 발견한 뒤 무대에 올리기까지 12년간을 매일 밤 연습했다고 한다. 그의 연주가 그런 각고의 인내와 노력에서 나왔듯 그는 인간 존엄성에 대한 헌신도 말이 아닌 삶으로 표현했다. 그래서 인간 존엄성을 말하고 싶을 때면 나는 그의 말을 우선 떠올린다.

"우리는 매 순간순간마다 우주의 새롭고 진귀한 순간을 살아가고 있다. 이 순간은 전에도 없었고 다시 오지도 않을 시간이다. 그런데 우리는 아이들에게 뭘 가르치나? 2+2는 4이고 파리는 프랑스의 수도라고 가르친다. 우린 언제야 그 아이들이 어떤 존재인지를 가르칠 것인가? 우리는 아이들 한 명 한 명에게 이렇게 말해야 한다. 너의 존재가 무엇인 줄 아니? 너의 존재는 놀라운 거야. 너는 유일한 존재야. 수백만 년이 흐르는 동안 너와 똑같은 아이는 없었단다. 그렇다. 너는 경이로움이다. 그러니 네가 자라서 다른 사람, 너처럼 경이로움인 다른 사람을 해칠 수 있겠니? 너도, 우리 모두도 이 세상이 아이들에게 값진 것이 될 수 있도록 힘써야만 한다."

요즘 감정을 한마디로 말하기 어렵다. 우울, 슬픔, 분노, 무력감, 공포 등이 범벅돼 이게 도대체 무슨 맛인지 느낄 수 없는 상태 같다. 거리에서 단식하면서 모욕까지 당하는 사람들, 그 고행에 동행하는 사람들이 눈시울을 자극한다. 그 고행을 모욕하고 해코지하려 달려드는 사람들이 피를 거꾸로 돌게 한다. 군대에서 기업에서 학교에서 국경 너머에서 꼬리에 꼬리를 무는 인권 침해 사건들이 마냥 손을 비비게만 한다. 대통령부터 일선 경찰까지 무시와 통제에는 일사불란하며 거기에는 따져볼 만한 어떠한 목적도 가치도 없다. 그들의 영혼 없는 말과 표정에 지친 지 오래다.

이런 상황에서 누군가를 '괴물'로 지목하고 한껏 비웃기는 쉽다. 하지만 그것으로는 헛헛할 뿐이다. 이 비극을 이용해 선동한다는 것 자체가 애당초 불가능하다. 비평가와 선동가에게는 물린 지 오래고, 우리에게는 '공통의 언어'와 '공통의 감정'이 절실하다. 오히려 "일상으로 돌아가라."라는 말이 가장 무지막지한 선동이 아닌가 싶다. 우리는 사람이고 싶다. 존엄성을 지키고 싶다. 삶의 근본을 확인하고 싶다. 막말과 괴물이 넘치는 혼돈 속에서 확인하고 싶은 것이다. 과연 우리는 인간인가, 인간으로 말을 주고받을 수 있는가, 인간으로 계속 살아갈 수 있는가를 말이다.

지금 '아무개들'이 우리에게 인간임을 가르쳐 주고 있다. 우리가 나눠야 할 말과 감정을 가르쳐 주고 있다. 거리에 나와 우리에게 아낌없이 주고 있다. 말도 듣지 않고 문서도 읽으려 하지 않는 세태 속에서 생명의 가치를 지키려 하고 있다. "존엄성이 아니라 돈을 숭배하련다. 차별하고 싶다. 고문하고 싶다. 배척하고 싶다. 정치가 아니라 폭압을 하고 싶다." 이제 숨기지도 않고 대놓고 말하고 행동하는 자들에 맞서 아무개들이 움직이고 있다. 아무개들 앞에서 누구의 말마따나 "초조해하는 것은 죄"다.

"(씨랜드 사건) 당시 한 신문은 우리 사회를 충격에 몰아넣은 대형 참사 가운데 재발 가능성이 가장 높은 참사 유형으로 '씨랜드 화재'를 꼽은 적이 있었는데, 우리는 지금 그 '예언'이 얼마나 과학적이었는지 참담한 심정으로 보고 있는 셈이다."

1999년 씨랜드 참사 이후에도 비슷한 사건이 이어지고 있을 때(인천 상가 화재 참사, 대구 지하철 화재 참사 등) 나온 10여 년 전 인권 단체의 논평에 나온 구절이다.

"막내가 되고 싶습니다. 더는 이러한 참사로 가족을 잃고 고통스러워하는 사람들이 생기면 안 됩니다. 그래서 저희는 막내가 되고 싶습니다."

세월호 유족 대책위 대변인의 말이다. '예언'을 바꾸자고 희생자들이 이렇게 절절한 심정으로 호소하고 있는데 이번에도 외면한다면, 예언을 실현하려는 고사 지내기가 될 것이다.

'광복 70년'을 앞두고 정부는 '국가 개조'니 '이순신이 되라'라는 식의 주문을 내놓고 있다. 그런 식의 주문 말고 구체적인 이들의 구체적인 호소에서 방법을 찾아야 한다. 거리에서 아무개들이 외치는 호소가 그 구체적인 내용이라면 원칙의 틀을 보여 주는 기준이 있다. 인권에서 그 원칙의 틀은 '세계인권선언'이다.

세계인권선언 제정 60주년을 맞은 지난 2008년, 세계의 인권 전문가들이 위촉받아 〈존엄성 지키기: 인권을 위한 의제〉를 만들었다. 의장은 제1대 유엔 인권 최고대표를 지낸 메리 로빈슨 전 아일랜드.대통령이 맡았다. 이 프로젝트의 책임자들은 '인간 존엄성에 관한 위원단'이라 알려졌다. 이 의제 만들기는 스위스 정부가 발의하고 노르웨이, 브라질, 카타르 등 여러 나라가 후원했다. 일단 위원단이 만든 '인권 지키기 의제'에 기초하여 8개의 핵심 연구 프로젝트가 착수됐고 주제마다 두툼한 연구 보고서가 발간됐다. 그중에서도 단연 돋보인 것이 바로 '인간 존엄성'에 관한 연구였다.

'인간 존엄성에 관한 위원단'이 작성한 보고서는 현시대 인권 과제의 큰 줄기를 담은 것이다. "무력함, 모욕, 비인간화는 인간 존엄성에 대한 공격의 핵심적 차원"이라는 지적에서는 한국 사회가 지금 겪는 고통들이 아프게 다가온다. 또한, 그에 대해 "약속을 지키려는 정치적 의지의 결여가 핵심 문제"라는 진단은 우리가 일찌감치 내린 진단이라 고개가 끄덕여진다.

"아주 어린 시절부터 노령에 이르기까지, 인간은 폭력으로부터 보호받고 싶은 깊숙이 자리 잡은 열망을 갖고 있다. 우리는 자연에서 발생하든 동료 인간으로부터 발생하든, 폭력의 명백한 원인이 잘 통제되는 사회에서 살 때만 안전하다고 느낄 수 있다."

안전에 대한 우리의 열망을 대신해 이렇게 표현하고 있다. 그리고 "폭력의 원인이 무엇이든 간에 중요한 것은 우리가 예방적으로 맞서는 것"이라며 "조기 행동 전략"을 제안하고 있다.

견실한 진단과 대책이 늘 선동과 모략보다 외면받는 것이야말로 비극 중의 비극이 아닐까 싶다. 우리 사회의 '인간 존엄성에 관한 위원단'은 지금 우리 눈앞에 아무개들로 꾸려져 있다. 공통의 언어와 공통의 감정을 나누는 과정에서 우린 공동의 책임으로 나아갈 수 있을 것이다.

— 2014년 8월 14일에 씀

✦ 인간 존엄성에 관한 위원단의 보고서

1. 위기의 인권

우리는 무엇이 인권이며 무엇이 국가의 의무인지 안다. 우리는 또한 인권이 체계적으로 침해되고 무시되며 이행되고 있지 않다는 것을 안다. … 인권에 대한 높은 열망과 인권 현장에서 벌어지는 심각한 격차, 정부의 원대한 수사학과 그 약속을 지키려는 정치적 의지의 결여 간의 격차가 핵심 문제이고, 이 격차를 메우는 것이 우리 시대의 도전이다. …

2. 인간 존엄성

… 인간 존엄성의 개념은 인간 존재의 특질로 보편적인 개념이다. 존엄성 개념은 정말로 문화적 차이를 뛰어넘는 것이며 세계의 모든 주요 종교에서 찾아볼 수 있다. 세계인권선언과 더불어 유엔의 핵심 조약과 주요 지역별 인권 기구들은 인간 존엄성 개념 위에 서 있다.

인간 존엄성이 모든 인권에 도덕적·철학적 정당성을 제공하기는 하지만, 오직 특정한 인권만이 인간 존엄성의 개념과 직결된다. 인간 존엄성을 위협하는 전형적인 사례는 빈곤과 기아, 제노사이드와 인종 청소, 노예제, 인신매매, 고문, 강제 실종, 기타 형태의 자의적 구금, 인종주의와 유사한 형태의 차별, 식민주의와 외국의 점령과 지배다. 무력함, 모욕, 비인간화는 인간 존엄성에 대한 공격의 핵심적 차원이다. 현 인권 의제는 인간 존엄성과 직결된 인권 문제를 우선 다룬다.

3. 공유하는 책임: 21세기의 접근

··· 국제 인권법에 따라 인권을 존중·이행·보호할 직접적인 국제적 의무를 갖는 것은 우선 국가다. ··· 이런 전통적인 인권법의 접근은 21세기에 지구화된 세계에서의 인권에 대한 실제적 위협에 더는 부응하지 못한다. 비-국가 행위자들에 의한 인권 침해가 늘어나는 많은 이유가 있다. 탈규제와 민영화의 정치가 정부의 힘을 침식하고 필수적인 정부 기능(교육, 건강 서비스, 물 관리, 사회 보장, 안전과 치안, 감옥 행정 등)을 사기업에 넘겨주고 있다.

··· 따라서 국제법은 배타적인 국가 책임 모델에서, 공유하는 책임이라는 21세기의 접근으로 나아가야만 한다. 공유하는 책임이란 무엇보다도 비-국가 행위자들도 인권 침해 행위를 직접 책임진다는 뜻이다. 예를 들어, 국제 노동 기준을 위반한 초국적 기업은 직접 책임져야만 한다. 또한, 기업은 정부가 저지른 인권 침해를 공모하지 말아야 한다. 책임에는 점진적 인권 이행을 목적으로 적극적인 행동을 취하는 것이 포함돼야 한다. 지역민이 굶주리고 극빈 상태에서 살아가는 지역에서 기업이 사업을 한다면 그런 상황을 다뤄야 할 책임이 있다. ··· 무엇보다도 극빈과 경제·사회·문화적 권리의 지속적인 침해로 존엄성에 공격을 받는 인간을 보호하기 위해 마찬가지로 국제적 책임을 정해야 할 때다.

4. 결핍으로부터의 자유

… 빈곤은 단지 운명인 것이 아니다. 빈곤은 인간에 의해 만들어지고 인간에 의해 뿌리 뽑힐 수 있다. 빈곤은 지금껏 필수적인 인권에 대한 가장 체계적이고 급격한 침해였다.

… 우리는 빈곤 퇴치의 목적을 단순히 자발적인 발전 목표가 아니라 부국과 빈국, 국제 사회의 여타 행위자 모두의 법적으로 구속력 있는 인권 의무로 바꿔야만 한다. 이런 의무는 헌법적 권리로든 보통 법률로든 법원과 여타의 국가 기관이 국제 기준을 적용하고 준수하도록, 국가들의 국내 법에도 마찬가지로 포함돼야만 한다.

이런 목적을 성취하는 한 가지 방법은 발전과 빈곤 퇴치에 대해 인권에 기반을 둔 접근을 채택하는 것이다. … 그것은 빈곤을 인권의 관점에서 정의하는 것이다. 즉 "적절한 영양을 취할 역량, 건강하게 살 역량, 의사 결정 과정과 사회적 문화적 삶에 참여할 역량 등 기본적 역량에 대한 인간의 권리에 대한 부정"으로 빈곤을 보는 것이다. … 빈곤 정책 결정의 맥락 속에 권리의 개념을 도입함으로써 빈민의 역량이 강화되는 것이 가장 근본적인 방식이다.

… 빈곤으로부터 빠져나올 수 있도록 빈민의 역량을 강화하는 또 다른 방법은 법의 지배다. … 법의 지배란 단지 형식적인 합법성을 의미하는 것이 아니다. 인간 인격의 최고 가치에 대한 인정과 수용에 근거하고 인격의 최대 표현을 위한 구조를 제공하는 제도들로 보장되는 정의를 말한다. … 빈민은 잘 기능하는 사법 시스템에 대한 접근을 부인당하고 있다. 빈민의 재산권은 결여되고, 고용주는 흔히 공식적인 시스템 바깥에서 움

직이기에 빈민은 불안한 노동 조건으로 고통받는다. 빈민의 재산과 사업은 법적으로 무시되어서 경제적 기회를 부인당한다. 결과적으로 빈민은 신용, 투자, 지구적 또는 지역 시장에 접근할 수가 없다. ⋯ 민주주의 강화는 빈민의 법적 권한 강화에 필수적인 것으로 간주된다.

⋯ 빈곤의 실제 상황을 다루기 위한 접근은 사회 보장의 안전망을 만들고 예방 가능한 빈곤에 집중하는 것이다. 예방 가능한 빈곤이란 국가가 이미 쓸 수 있는 자원을 사용하여 피할 수 있는 빈곤을 말한다. ⋯ 국가는 모든 가용 자원을 사용하여 빈곤을 예방하고 줄일 방법을 철저히 조사하고 검토해야만 한다.

5. 공포로부터의 자유: 폭력 예방으로 인간 안전 강화하기

아주 어린 시절부터 노령에 이르기까지, 인간은 폭력으로부터 보호받고 싶은 깊숙이 자리 잡은 열망을 갖고 있다. 우리는 자연에서 발생하든 동료 인간으로부터 발생하든, 폭력의 명백한 원인이 잘 통제되는 사회에서 살 때만 안전하다고 느낄 수 있다. 인간의 일부 집단은 다른 집단보다 폭력에 훨씬 취약하다. 가령 여성과 아동은 남성보다 가정 폭력의 훨씬 흔한 피해자다. 노인이나 장애인은 폭력 범죄의 더 쉬운 표적이다. 외국인과 정치적·인종적·성적 소수자는 다른 시민보다 경찰 폭력에 더 자주 처한다. 빈민과 홈리스는 자연과 환경 재해에 부자보다 더 취약하다.

⋯ 그런 폭력의 원인이 무엇이든 간에 중요한 것은 우리가 예방적으로 맞서는 것이다. 문제의 원인을 효과적인 조기 경고 시스템으로 다뤄야 하고, 안전·발전·인권 의제의 일환으로 이용 가능한 모든 범위의 장치를

이용하는 조기 행동 전략으로 다루는 것이다. …

6. 기후 변화: 21세기 안전, 발전, 인권과 인간 존엄성에 대한 지구적 도전

새 천 년의 초입에 과학자들은 기후 변화가 일어나고 있는지 아닌지, 그것이 인간이 야기한 것인지 아닌지 여전히 논쟁 중이었다. 정치인들은 이런 의심을 아무 행동도 안 취하는 구실로 이용했다. 오늘날 이런 논쟁은 물 건너갔다. 기후 변화는 현실이고 인간이 야기한 것이라는 데 압도적인 과학적 합의가 있다.

… 인류에 대한 이 중요한 도전은 천천히 인권 담론에 들어오고 있다. 기후 변화가 인권에 기반을 둔 접근으로 다뤄져야 할 긴급한 필요라는 데는 몇 가지 이유가 있다. 무엇보다도 기후 변화는 식량, 물, 주거, 재산, 건강과 생명에 대한 권리를 포함하여 다양한 인권 침해의 원인이 된다. 둘째, 기후 변화는 평등과 지구적 사회 정의에 관한 주요한 문제를 야기한다. 부유한 산업화 국가와 그 인민이 기후 변화에 우선적인 책임이 있는 반면에 그 결과로 가장 고통받는 것은 가난한 사회다. … 마지막으로 기후 변화는 지구적 해결을 요구하는 지구적 문제다.

7. 실현의 격차 다루기: 지구적 인권 문화를 향해

인권을 존중·보호·이행하겠다는 정부들과 국제 사회의 법적·정치적 약속과는 대조적인 현실 상황 간의 실현 격차를 마감하는 것, 아니 적어도 상당히 격차를 줄이는 것이 긴급하다. … 우리는 기준 설정과 모니터

링에서 진짜 실현으로 긴급하게 나아가야만 한다.

··· 사법적·비사법적 인권 이행 기구, 그리고 국가 인권 기구가 모든 국가에 설립돼야만 한다. 그리고 인권 침해를 방지하고 맞서며 국제적 인권 의무의 국내적 이행을 위하여 독립적이며 가능한 한 광범위한 수임사항을 가져야만 한다.

··· 초국적 기업들은 인권을 존중하고 실현할 목적으로 명확한 표적과 기준점을 가진 행동 계획을 채택해야만 한다.

··· 완전히 독립적인 세계인권법원World Court of Human Rights이 인권 이사회의 관계 기관으로서 모든 의무자에 대한 인권의 사법적 보호를 위임받아 창설돼야만 한다. 세계인권법원은 유엔의 보호 아래 다자 조약에 의해 상설 법원으로 설립돼야 하며, 국가와 비-국가 행위자가 저지른 인권 침해에 대한 제소에 똑같이 최종적인 구속력 있는 결정을 내릴 권한을 가지며 인권 피해자에게 적절한 배상을 제공해야 한다.

— Protecting Dignity: An Agenda for Human Rights(2008)

· 류은숙의 4. 16 인권선언문 제안 ─────────────────────────

전문

　우리는 인간의 고유한 존엄성과 존귀한 생명이 모든 법과 제도, 가치와 신념의 초석임을 확인하며,

　세월호 참사를 비롯한 그간의 참사는 한국 사회가 이 초석을 부인하고 무시하고 훼손해 온 결과 발생한 사건이었음을 반성하고 통탄하며,

　이윤 최고주의, 인간의 사물화, 시민의 정치적 책임의 방기 등이 인간의 존엄성을 훼손해 온 원인임을 인정하며,

　잇따른 참사에서 드러났듯 한국 사회를 위협하는 위험은 무너진 사회, 실종된 정치에 뿌리내리고 있기에, 한 개인이 통제할 수 없는 근본적이고 거대한 것임을 통감하며,

　그간의 참사에 대해 모든 게 운명이며 모두가 죄인이란 식으로 책임을 희석하는 사이비 책임론을 거부하며,

　정부와 공직자, 기업이 책임져야 하는 참사임을 명백하고 단호하게 확인하며,

　모든 참사의 피해자에게는 진실을 밝힐 권리, 가해자를 처벌하고 징계할 권리, 배상받고 치유받을 권리, 재발을 방지하기 위해 사회변혁을 요구할 권리가 있음을 확인하며,

　이들이 자신의 권리를 보장받을 수 있도록 힘쓰는 것은 산 자들이 공유해야 하는 의

무이자 불의를 방관하고 동조해 온 사회 구성원 모두의 책임임을 각성하며,

　인간 존엄성을 존중하기는커녕 유린하고 있는 한국 사회 구조를 근본적으로 바꾸지 않는 한, 세월호 참사와 같은 사건이 끝나지 않을 것임을 경고하고 환기하며,

　사회 정의의 기초가 반듯하게 놓일 때여야 누구나 기본적인 인권을 존중받고 지속 가능한 안전을 보장받을 수 있음을 확인하며,

　우리가 추구하는 안전은 자유를 억압한 대가로 주어지거나 각자도생의 경쟁 속에서 구매하는 것이 아니라, 인간을 존중하는 문화 속에서 타인에게 관심을 가지고 연대함으로써 공포와 비참에서 함께 자유로워지는 것이라 여기며,

　모든 참사 피해자를 지속적으로 존중한다는 것은 애도와 기억, 사죄와 배상이라는 소극적인 의무뿐 아니라 근본적으로 한국 사회를 반성하고 변혁하는 적극적인 의무를 이행하는 실천이어야 한다고 다짐하며,

　이에 참사의 진실을 규명하려는 노력을 기만하며 부정한 구조를 온존시키려는 세력에 엄중하게 경고하며,

　모든 참사 피해자에 대한 존중을 담아, 한국 사회 구성원이 공유하는 책임을 담아, 이 선언을 선포한다.

I. 원칙

이 선언의 모든 조항에는 다음과 같은 원칙이 전제된다.

1. 인간 존엄성 존중의 원칙

인간 존엄성은 인권의 초석이다. 존엄성을 계산해서도 안 되고 타협해서도 안 된다. 정부의 모든 정책과 실천, 모든 인간의 활동은 인간 존엄성을 존중하는 것이어야 한다. 특히 재난 상황에서 최우선은 생명을 구조하는 것이어야 하고, 재난의 예방, 구제, 사후 조치의 모든 단계에서 누구나 존엄성을 존중받아야 한다.

2. 평등의 원칙

차별은 존엄성 훼손의 원인이자 결과다. 다른 누군가보다 가치가 덜하거나 더한 존엄성은 존재하지 않는다. 평등한 사회는 안전하며 불평등한 사회는 위험하다. 근원적인 평등이 안전을 위한 길이다. 어떤 국적, 신분, 지위, 나이, 성별 등을 가진 사람이든 재난의 예방, 구제, 사후 조치의 모든 단계에서 평등하게 존중받아야 한다.

3. 연대의 원칙

인간은 타인과의 관계 속에서 존재하고 살아간다. 인간의 평등한 존엄성을 존중하는 구조는 강자가 약자를 체제적으로 억압하는 구조를 제거하는 연대가 실천될 때 가능하다. 연대는 시민들이 공동체적 삶에 참여하는 것이고, 사회적 관계의 질을 높이기 위해 정치적으로 실천하는 것이다. 참사는 연대의 고리가 약해졌을 때 발생하며 확대된다. 안전은 연대가 강화될 때 보장된다.

II. 권리

A. 일반적 권리

1. 생명, 생존, 안전에 대한 권리

모든 사람은 고유한 생명권을 가진다. 인간답게 살아갈 권리를 사회 전반의 가치와 제도에 대한 신뢰 속에서 계획하고 누릴 수 있어야 한다. 결핍과 공포로부터의 자유 및 권리를 위해 행동을 취할 자유의 보장이 인간의 안전이다. 생명·생존·안전에 대한 권리는 개인의 역량을 초과하는 경제적·환경적 및 여타의 위험에 대한 제도적·구조적 장치에 대한 권리를 포함한다. 특히 각종 재난 때는 그 결과를 완화할 긴급 구제에 대한 권리가 있다.

2. 알 권리

① 진실의 추구: 모든 사람은 심각한 참사와 인권 침해와 그것을 초래한 환경과 이유에 대하여 진실을 추구할 권리가 있다. 진실에 대한 권리의 충분하고 효과적인 행사는 유사한 침해의 재발 방지에 필수다.

② 의견과 표현의 자유: 모든 사람은 의견과 표현의 자유에 대한 권리를 가진다. 특히 위험을 경고하고 공론화할 권리와 이미 발생한 참사에 다양한 애도의 표현을 할 권리가 있다.

③ 정보에 대한 접근: 모든 사람은 스스로 선택한 방법을 통하여 모든 종류의 정보와 사상을 추구하고 접수하며 전달할 자유를 가진다. 특히 재난의 처리 과정과 재발 방지를 위한 조치의 정보를 알고 전달하고 토론할 권리가 있다. 단, 참사 피해자에 대한 모욕, 혐오 또는 증오를 고취하는 선전은 여기에 해당하지 않는다.

3. 권리를 위해 행동할 권리

① 사상, 양심, 종교의 자유: 모든 사람은 사상, 양심 및 종교의 자유에 대한 권리를 가진다. 재난의 예방, 구제, 사후 조치의 모든 단계에서 개인의 사상, 양심 및 종교가 차별의 이유가 돼서는 안 되며, 정부는 사찰과 감시, 반대 의견에 대한 통제, 혐오를 부추기는 선동 등으로 이 권리를 제한하거나 부정해서는 안 된다.

② 결사와 집회의 자유: 모든 사람은 집회와 결사의 자유를 가진다. 시민 사회의 자유로운 작동과 효과적인 비판과 저항을 위한 연합은 참사의 발생과 재발을 막는 초석이다.

③ 프라이버시와 명예: 모든 사람은 자신의 사생활, 가정, 주거, 통신 등에 자의적이거나 불법적인 간섭을 받거나 명예에 대한 부당한 비난을 받지 아니할 권리를 가진다. 재난 때 모든 사람은 부당한 신상공개, 언론의 무분별한 보도, 간섭과 감시, 비난, 모욕, 공격 등으로부터 보호받아야 한다.

4. 인간답게 살아갈 권리

① 사회적 안전에 대한 권리: 모든 사람은 인간다운 생활을 누릴 권리와 생활 조건을 지속적으로 개선할 권리를 가진다. 인간의 안전은 위험으로부터의 신체 보전뿐 아니라 경제적 재난 때 교육과 건강 보호, 사회적 안전망을 보장받을 권리를 포함한다.

② 교육권: 모든 사람은 교육에 대한 권리를 가진다. 교육은 인간의 존엄성과 인권에 대한 존중을 목적으로 한다. 특히 재난의 예방, 피해자에 대한 존중, 재발 방지를 위한

태도의 전환에 교육은 중요한 역할을 해야 한다. 재난에 맞서 자신과 타인을 보호할 수 있는 안전 역량을 키울 교육을 받을 권리가 있다.

③ 일할 권리와 일터에서의 권리: 모든 사람은 존엄한 노동에 대한 권리를 가진다. 모든 노동자는 자신과 사회 구성원의 안전을 위협하는 노동 조건과 환경, 작업에 개인적·집단적으로 문제를 제기하고 긴박한 필요시 작업을 중지할 권리를 갖는다. 이 권리는 하청, 비정규, 이주 노동자 등 특히 취약한 노동자에게도 동등하게 보장돼야 한다.

④ 휴식과 여가, 문화생활에 대한 권리: 모든 사람은 휴식과 여가에 대한 권리, 문화생활에 자유롭게 참여하고 창작하고 감상할 권리를 가진다. 안전은 인간의 자유를 강화하기 위한 것으로 자유의 위축과 퇴행을 강요하여 자유로운 휴식과 여가, 문화생활을 억압하는 안전은 가짜 안전이다.

B. 피해자의 권리

1. 정의

이 선언에서 피해자는 국제 및 국내 인권 기준을 심각하게 위반하는 행위 또는 태만(작위 또는 부작위)으로 신체적·정신적 피해, 감정적 고통, 경제적 손실, 기본적 인권의 실질적인 침해를 포함하여 개인적으로 또는 집단적으로 피해를 입은 사람이다. 피해자에는 직접적인 피해자와 그 가족, 피해자를 돕거나 피해를 방지하기 위해 개입하다가 피해를 입은 사람도 포함된다.

이 선언에서 재난이란 광범위한 생명의 손실, 엄청난 인간의 고통과 곤란, 또는 대규모의 물질적·환경적 손실을 야기함으로써 사회의 기능을 심각하게 훼손하는 재앙적인 사건 또는 이어진 사건을 의미한다. 참사는 세월호 참사의 경우처럼 그 심각성과 중대성을 강조하는 용어다.

2. 피해자 존중의 원칙

참사의 영향을 받은 모든 사람은 자신의 인권을 존중받을 권리가 있다. 피해자는 피해자이기 이전에 국제 인권법과 대한민국 헌법에 보장된 모든 권리의 보유자다. 피해자는 자신의 인권에 기초해 진실 규명, 가해자 처벌을 포함한 정의 실현, 배상, 재발 방지와 제도 개혁의 권리를 가진다. 이 권리들은 단절적이고 분산적이지 않고 포괄적이고 상호 연관된 조치를 필수로 한다. 피해자는 필수적인 조치들 간에 거래나 선택을 강요받아서는 안 된다.

3. 피해에 대한 인정

모든 피해자는 자신이 부당한 피해를 입었고 고통을 겪는다는 사실에 대한 인정을 획득할 권리를 가진다. 피해자는 특히, 정부와 책임 있는 대표자로부터 피해에 대한 공식적인 사과를 받을 권리가 있다. 피해자는 참사 처리의 모든 과정에서 의미 있는 참여를 할 권리가 있다. 피해자의 참여는 진실 규명, 재판, 배상, 재발 방지와 제도 개혁의 전 과정에서 존중되고 보장돼야 한다. 또한, 실종자의 가족은 수색을 계속하며 사망 시에는 유해를 찾고 존중하며 돌려받기 위해 모든 적절한 조치를 받을 권리가 있다.

4. 진실에 대한 권리

모든 피해자는 진실에 대한 양도할 수 없는 권리를 가진다. 진실에 대한 권리는 참사의 이유와 구체적 상황, 그리고 누가 그 일에 관련되었는지 알 권리를 포함한다.

5. 정의 실현에 대한 권리

피해자는 정의 실현에 앞서 섣불리 화해와 용서와 망각을 강요받지 않을 권리가 있다. 진실 규명을 위한 특별위원회의 구성은 독립성과 공정성을 보장받아야 한다. 가해자와 책임자는 기소되고 재판을 받아야 한다. 인권 침해에 대한 불처벌은 근절돼야 한다. 피해자는 공정하고 효과적인 재판에 대한 권리를 가진다.

6. 배상에 대한 권리

피해자는 배상을 받을 권리가 있다. 배상은 생명 침해, 신체적·정신적 장애, 고용·교육 등의 기회 상실, 물질적 손해와 잠재적 소득의 상실을 포함한 소득의 상실, 정신적 고통 등 피해자가 고통받은 모든 위해를 포괄해야 한다. 국제 인권법이 제시하듯이 배상은 원상회복, 금전적 배상, 재활 조치, 만족, 재발 방지를 보장하는 조치를 포함해야 한다. 배상은 진실 규명과 거래될 수 없으며, 참사에 대한 책임의 인정 및 정의 실현과 연결돼야 의미가 있다. 피해자의 권리를 위협하는 금전적 배상은 배상이라 할 수 없다. 배상은 공식적인 사과의 증거이자 재발 방지를 약속하는 증표다.

7. 재발 방지와 제도 개혁에 대한 권리

진실 규명과 정의 실현은 재발 방지와 제도 개혁의 전제조건이다. 이를 통해 피해자뿐 아니라 모든 사회 구성원은 과거의 되풀이에 대한 공포에서 벗어나 제도에 대한 신뢰를 회복할 수 있어야 한다. 피해자에 대한 존중과 확실한 구제 조치는 인간의 존엄성을 존중하는 규범과 가치에 대한 공통 감각을 확인하는 길이며, 이 공통 감각을 통해 사회를 바꿀 수 있어야 한다. 피해자를 비롯한 모든 사람은 기본적 인권이 존중되고 보장되는 사회 구조에 대한 권리가 있다.

III. 의무와 책임

정부는 대한민국이 당사국인 국제 인권법과 헌법에 따라 그 관할권 내 모든 사람의 인권을 존중하고, 보호하고, 실현할 의무가 있다. 특히 정부는 재난을 예방하고 재난 시에는 그 위해를 줄일 수 있는 전략을 택하고 이행할 우선적 책임을 진다. 정부는 그 관할권 내 모든 행위자에 대해 인권 존중에 따른 의무를 준수하도록 할 책임이 있다.

특히 세월호 참사와 같은 사건의 재발 방지를 위해서는 침해에 대한 국가 책임을 공식적으로 인정하고 사과하는 데서 모든 책임이 출발한다. 국가는 참사로 인한 인권 피해를 조사하고 기소할 의무가 있다. 배상할 국가의 의무는 금전적 보상을 넘어서는 것으로 다음을 포괄한다. 공적인 조사와 기소, 법적 개혁, 자유, 고용 또는 재산의 복구, 의료적 돌봄, 공적인 사과의 표현, 침해에 대한 국가 책임의 공식적 인정.

법 집행 공무원을 비롯하여 시민의 인권을 존중할 책임이 있는 모든 공무원은 업무의 공정성과 효과성에 대한 책임을 져야 한다. 특히 참사 피해와 관련하여 정의에 대한 권리, 배상에 대한 권리, 진실 규명에 대한 권리, 원상회복의 권리 실현을 위하여 각 분야에서 책임을 다해야 한다. 재난 방지와 대처를 위한 시스템을 통해 부패와 부실 인사가 척결돼야 하고 공무원의 고용, 유지, 훈련, 감독의 과정에 인권에 대한 존중과 준수할 의무가 포함돼야 한다.

기업은 인권을 존중하는 분명한 정책을 채택하고 사회적으로 약속해야 한다. 기업의 활동, 상품 또는 서비스로 인한 직접적 또는 잠재적 인권 침해와 위협에 책임을 져야 한다. 기업에 의한 인권 침해를 예방하고, 조사하고, 처벌하고, 배상하도록 하는 효과적인 정책과 입법이 있어야 한다.

모든 단계의 교육 기관과 그 종사자는 인간 존엄성에 대한 존중을 교육의 목적으로 인식하고 실현해야 한다. 특히 주요한 인권 침해와 재난, 그로 인한 피해자에 대해 기억할 의무를 그 교육 내용에 포함하고 시민의 보편적 책임성을 함양해야 한다.

언론은 재난에 대한 예방과 대처의 모든 단계에서, 인권에 기반을 둔 접근을 택해야 한다. 언론 보도 때문에 피해자가 재-피해자화 되지 않도록 피해자 중심주의 원칙을 지켜야 한다. 언론의 활동은 사실의 발굴, 확인, 보도를 통해 참사의 진실 규명, 정의의 추구, 배상, 제도 개혁에 기여하는 것이어야 한다.

시민 사회는 의미 있는 대표성을 갖고 재난 관련한 정책과 활동을 모니터하고 비판하며 개선을 요구해야 한다. 특히 참사의 피해자에 대한 공식적인 참회와 기억의 의무가 지속하도록 할 의무가 있다. 기억의 의무 이행을 통해 피해자의 목소리를 계속 들으며 과거의 고통스러운 사건을 영구적인 의미를 가진 것으로 만들 책임이 있다.

노동자를 비롯해 자신의 노동과 서비스로 사회에 기여하는 모든 사람은 자기 일에서 존엄성을 지켜야 한다. 이 존엄성은 자기의 인격과 안전뿐 아니라 불특정 다수의 타인의 생명과 안전에 관련된 것이기도 하다. 인간의 안전을 위협하는 일에 대해서는 작업 중지와 개선을 요구해야 하며 노동자의 이런 권리는 제도와 정책으로 뒷받침돼야 한다.

모든 시민은 이 사회에서 벌어지는 모든 일에 자신이 연루되어 있고 연대에 기초하여 책임을 공유한다는 것을 인식해야 한다. 특히 참사 피해자와 관련하여 모든 시민은 그 피해 배상에 관한 책임을 공유하며 참사에 대한 집단적 기억을 만들고 전파하고 유지할 책임이 있다. 모든 시민은 참사를 야기했던 정치와 경제의 구조를 혁신하고 인권을 옹호하는 구조를 만들 책임이 있다.

* 재난과 인권에 관한 국제인권규범을 참조해 작성했다.
4.16연대의 〈존엄과 안전에 관한 4.16 인권선언〉은 http://rights.416act.net/ 에서 볼 수 있다.

땅은 모두의 것, 그 누구의 것도 아니다

+ 〈엘도라도 카라자스〉, 학살에 관한 노래

1996년 4월 17일
브라질 북쪽 지역 엘도라도 카라자스에서
토지 개혁을 요구하며 농장을 점거하고 합법화를 요구하던
농민 19명이 경찰의 총에 맞아 숨지고 60여 명이 부상당했다.

귀농한 후배들이 있다. 농사일도 버겁지만, 이들을 가장 괴롭히는 것은 땅이다. 부재지주들이 농사도 짓지 않으면서 땅을 잘 빌려주지 않는단다. 용케 땅을 빌리더라도 지대를 감당하기가 쉽지 않다. 지난 농사는 수지가 맞지 않았고, 결국 서울에 올라와 겨우내 품팔이해서 간신히 지대를 모아 올 농사를 지으러 갔다.

별 비싼 재료를 쓰는 것 같지도 않은데 값은 만만치 않은 식당에서 밥을 먹을 때면, 음식 가격에 입이 비죽 나오기 마련이다. 그럴 때마다 주인 편을 드는 사람이 있다. "임대료를 생각해 보라고, 이 지역에서 장사해서 월 임대료라도 뽑겠느냐고, 다 그럴 만한 이유가 있어." 라고 한다.

인권 단체를 운영하면서 가장 힘든 날은 역시 월세 내는 날이다. 임대료를 내고 나면 통장에 잔액이 거의 남지 않는다. 그렇게 한 달을 버티다 보면 또 월세 내는 날이 돌아온다. 그럴 때면 '앉아서 돈 버는 주인은 좋겠네.'라는 생각이 물씬 밀려든다.

세계인권선언 등 많고 많은 인권 기준을 혹평하는 의견 중 이런 것이 있다. '땅'에 대한 권리를 얘기하지 않는 선언은 주권이 아니라 종속된 권리의 선언일 뿐이라고. 땅은 만인의 것이고 누구의 것도 될 수 없다는 주장은 인권의 역사에서 끊이지 않는 주장이었고 가장 혹독한 탄압을 받은 인권 침해 사건을 기록해 왔다.

오늘 읽어 볼 인권문헌은 땅을 위한 투쟁 속에서 학살된 농민들의 비극을 담은 노랫말이다. 브라질의 '땅 없는 농업 노동자 운동MST'의 땅을 위한 투쟁 과정에서 수많은 농민, 농업 노동자의 희생이 있었다. 그중에서도 1996년 4월 17일에 벌어진 엘도라도 카라자스 학살의 충격은 컸다. 이 학살의 참상이 오늘의 인권문헌인 노랫말에 잘 담겨 있다. 요약하자면, 경작되지 않는 대농장을 점거한 농민들이 합법화를 요구하려고 주의 수도로 행진하고 있는데 경찰이 이들에게 총질을 한 것이다. 이미 쓰러진 사람에게 확인 사살까지 했다. 19명이 죽고 60여 명이 심각하게 다쳤다. 그러나 학살에 참여한 경찰 155명은 여전히 자유의 몸이다. 6년 전 마지막 재판 이후 단지 두 명이 형을 선고받았으나 그마저도 항소한 뒤 자유의 몸으로 지내고 있다. 결국 오늘날까지 학살에 대한 처벌은 전혀 이루어지지 않았다.

1985년에 설립되어, 땅 없는 농민과 농업 노동자의 투쟁을 내세운 MST가 요구하는 것은 거대 자본가의 투기 자산으로 놀고 있는 땅을 정부가 적절한 보상으로 인수하여 땅 없는 농민에게 분배하라는 것이 었다. 이들의 직접행동은 그런 놀고 있는 땅을 점거하고 정부에 공식적인 점유권의 보장을 요구하는 것이었다. 200만 헥타르의 땅이면 브라질 농촌의 20만 가족 이상이 살아갈 수 있다.

남미에서 가장 큰 나라인 브라질에서는 인구의 1퍼센트인 거대 지주가 땅의 44퍼센트를 소유하고 있다. 농지는 4억 헥타르 중 단지 6000만 헥타르가 경작되고 있고, 그 대부분도 지역민의 먹거리가 아니라 돈이 되는 커피, 면, 대두, 과일 같은 수출 작물을 재배한다. 그러니 농촌 지역 농민의 상황은 도시 지역보다 훨씬 열악하다. 브라질의 기대 수명은 60세인데, 농촌 지역에서는 47세로 낮아지는 한편 유아 사망률은 두 배다. 성인 인구의 26퍼센트가 문맹인 데 비해 농촌 지역의 문맹은 42퍼센트다. 정부의 경제 정책은 초국적 기업농과 대토지 자본가를 위한 것이기에 농민을 파산으로 몰아가고 있다.

이런 상황이기에 농업 노동자, 소작농, 차지농, 실업 노동자 등이 토지 점거 운동에 참여하고 있다. 이에 자본가 지주들은 무장 폭력배와 경찰을 동원해 농민들을 강제 퇴거시키려 한다. 연방 경찰에는 무토지 농민을 전담하는 부서가 만들어지기도 했다. 한 가톨릭 인권 단체에 따르면 1980년대 중반부터 1990년대 중반까지 10여 년간 거의 1000명에 달하는 농민과 이 운동의 지지자가 강제 퇴거 과정에서 살해됐다. 하지만 MST는 깨지지 않았고, 수천 가구를 정주시키는 데 성공했다. 점거 토지는 점유권 합법화를 기다리고 있다. 점거 토지의 합법화 이후 정착지는 수출 작물이 아닌 기본 작물을 기를 수 있다.

20여 년이 지난 지금도 카라자스 학살은 전 세계 농민 운동 속에서 기억되고 있다. 국제적인 소농 조직인 비아 캄페시나Via Campesina는 이 날을 '세계 농민 투쟁의 날'로 선포했다. 해마다 이날이 되면 전 세계 농민은 "도살장에 끌려가는 소처럼 도시로 이주하고 싶지 않다."(우루과이 시인 시타로사Zitarroza의 표현)라며 농업의 중요성과 그와 관련해 추구할 가치를 외친다. 또한, 2000년부터는 '농민의 권리 선언' 채택을 추진해 왔고, 올해 내에 유엔 인권 이사회에서 이 선언을 채택할 것과 이후에는 '농민의 권리에 관한 국제 협약'을 채택할 것을 촉구하는 캠페인을 벌이고 있다.

비아 캄페시나에 따르면 농민의 권리 선언을 추구하는 배경은 이렇다. 전 세계의 거의 절반이 농민이고 소농이며 그들이 생산하는 식량이 사람들의 생활을 지탱하고 있다. 농업은 단지 경제 활동이 아니라 삶, 문화, 우리 모두의 존엄성을 뜻한다. 그런데도 세계의 농민은 먹고살 권리를 사수하려고 싸워야 한다. 해마다 수천여 농민 지도자가 땅, 물 등 자연 자원을 지키려 했다는 이유로 체포당하고 있다. 학살, 비사법적 살해, 자의적 체포와 구금 등이 흔하게 벌어진다.

가난한 농촌의 가족은 구조적인 굶주림으로 고통받는 사람의 75퍼센트다. 문맹률은 증가하고, 건강 보호와 공공 서비스는 사라지고 빈곤은 늘어나고 있다. 여성과 아동의 고통은 더 크고 여성을 향한 차별은 어깨에 지워진 짐을 배가하고 있다. 세계무역기구WTO, 국제통화기금IMF, 자유무역협정FTA 등은 수출을 위한 작물을 생산하도록 하는 농업 자유화와 기업농 형태의 생산을 강요하고 있다. 이로 인해 지난 수십 년간 세계의 농민은 대규모로 사라졌고, 한줌밖에 안 되는 대규모 초국적 기업이 식량 생산과 무역을 좌지우지한다. 정부와 국제기구는 기업농을 지원하는 정책을 발전시켰고, 그 결과 투기꾼의 손에 맡겨진 식량이 현재의 식량 위기를 초래하고 있다.

재산권을 최고로 치는 사회 분위기 속에서 재산의 성격을 불문하고 '권리'로 옹호하는 경향이 있다. 재산의 성격을 불문한다는 것은 큰 기업의 재산이나 노동자의 재산을 같은 것으로, 초국적 기업농이나 대지주의 토지 재산을 일개 촌부의 재산과 같은 것으로 취급한다는 뜻이다. 이러면 결국 큰 재산이 공룡처럼 모든 것을 집어삼키고 공익과 무관하게 또는 공익을 해치면서 제 맘대로 재산을 운영하는 것을 통제하지 못한다. 통제하려는 시도 자체를 권리의 이름으로 막아 주는 해괴한 일이 벌어진다.

재산의 성격을 구분하지 않는 척하면서 실제로는 차별적으로 구분하기도 한다. 약한 사람들이 재산권을 주장하면 '밥그릇 싸움'이라 폄하하면서 큰 재산을 가진 사람들이 주장하면 정당한 '권리'가 되고 인정사정 볼 것 없이 옹호해야 할 권리로 떠받드는 경향이 있다.

최근에 〈한겨레〉에서 르포 작가 박수정은 카라자스 학살과 용산을 같이 다루어 '용산 학살'이라 지칭한 바 있다. 피해자들의 요구 사항, 그에 대한 자본가와 정부의 대응, 경찰 폭력, 사법정의의 왜곡과 여론의 무관심, 진상 규명과 책임자 처벌의 미완 등 닮은 점이 한둘이 아니다. 카라자스 학살을 전 세계 농민 운동이 기억하듯이 땅에 매여 생존을 추구할 수밖에 없는 우리는 모두 민주주의와 기본적인 생존권을 귀히 여기기에 용산 학살을 잊을 수 없을 것이다.

— 2009년 6월 3일에 씀

+ 엘도라도 카라자스

1996년
수요일, 4월 17일
엘도라도 카라자스, 브라질 파라주의 남부
무슨 일이 벌어졌는지 오직 신만이 아시는 곳
150번 고속도로, 에스 자로 굽어진 길에서
1200명의 토지 없는 이들이 하루가 넘도록
길을 막았지. 자신들이 아는 최선을 외쳤지
마카세이라 농장이 놀려지고 있다고
단 한 사람이 4000헥타르의 땅을 소유하고선
잡초가 우거지도록 내버려 둔
결실 없는 대토지 소유, 거대한 재산이
순전히 투기꾼의 이익에만 봉사하는데
완고한 지주는 이제 땅을 양도해야 하는데
800여 가구의 가족들에게, 이들에게 땅은 꿈에 지나지 않아

이들은 고개를 치켜들기 위해 모든 대가를 치르려 해
굶주릴 때조차, 먹을 것을 위해 투쟁하는
소박하고 가난한 사람들
수단이라고는 없는 '농업 개혁'의 입발림에 너무 지쳤어
땅을 놀리지 말고 농사를 지어야 한다는 게 이들이 바라는 전부야

농업부는 대출을 해 주지 않아, 재정착도 해 주지 않아

약속 기한도 지키지 않아

정부는 농부들의 생명을 싸구려 취급해

농부들의 곤경에 무관심해

인간의 삶을 아주 경멸하며

생각조차 할 수 없는 일을 계획해

살해의 시간이 가까워져 오듯이

정의 없이 평화란 없어

어떤 평화도 없어

엘도라도 카라자스

정의 없이 평화란 없어

어떤 평화도 없어

엘도라도 카라자스

파라우페바스에서, 마라바에서

두 중대의 전투경찰이 오네

마리오 판토자 대령이

불한당 패거리를 거느리고

위협적으로 무장한 200여 명의 사내가

권총, 엽총, 기관총, 소총을 갖고

몰래, 눈을 속이며, 안 보이게 도착하네

무방비의 사람들을 죽일 태세로 숨을 죽이네

피에 굶주려 하는

정당화할 수 없는 폭력이 폭발하려 해

위험한 관직, 살인이 일이야

모두가 두려움에 휩싸이고 긴장은 최고조

매분 매초가 중요해

무슨 일이 있든 간에

토지 없는 농민들은 도로에서 움직이지 않을 거야

끝까지 저항할 거야

반면 지주가 신경 쓰는 건 대농장, 가축과 사료를 지키는 것뿐이야

그의 명령은 협박조였지

무슨 대가를 치르더라도 오늘 해치워야 해

정의 없이 평화란 없어

어떤 평화도 없어

엘도라도 카라자스

정의 없이 평화란 없어

어떤 평화도 없어

엘도라도 카라자스

갑자기 경찰이 달려들었어

믿지 못할 만큼, 비겁하게, 음흉하게

오후 4시 15분

시간이 됐어

완전한 근접 포위

고용된 용역 깡패들

토지 없는 농민들은 저항을 시도했지만

그건 너무 선명해

첫발을 발사할 구실이 됐어

그러고 나선 무슨 일이?

냉혈한 처형

내전의 광경

무제한의 잔인성

세련된 잔인성

그런 무력에 대항하여

어떤 반론도 없었어

단 하나의 발포 대원에게서도

14분간의 멈추지 않는 사격

뜨거운 탄환…… 그리고 뼈,

찢어지는 울음과 절규 가운데

충돌에서 달아나려는 사람들

"뛰어, 달아나."라는 외침, "신이여 우리를 도우소서."라는 탄원

절망적인 사람들은 도움을 간청했지만

최악의 일은 신호가 확실했다는 것

모든 일이 처음부터 계획되었다는 것

모든 총탄은 정확한 표적을 가졌고

단거리에서의 모든 사격은 표적을 놓칠 리 없었던 것

오, 얘야, 전형적인 암살단이었던 거야

누가 서 있는지는 문제가 되지 않았어

남자, 여자, 아이, 모두가 마찬가지였던 거야

처벌받지 않을 것이기 때문에, 무작위로 그들은 쏴 댔어

그들은 결코 피해자를 고르지 않았어

그들은 인간의 고통을 눈곱만큼도 상관 안 했어

루리발은 뛸 수가 없었어, 목석처럼 서 있었어

혼란 속에서 그는 가슴을 맞아

앞으로 고꾸라져 죽었어

롭손은 머리를 당했어

아무런 죄도 없었지만

오지엘은 제압된 이후인데도

욕설에 수갑을 채운 채 때리고 발로 차고

세 방의 총격을 가하고 죽도록 내버려 뒀어

그가 만났던 농업 노동자들처럼 마찬가지의 슬픈 결말을 맞았지

땅을 위한 싸움에서 이들의 최종 결과는

61명의 부상자와 19명의 사망자였어

피에 물든 폭력과 잔인한 경찰의 희생자들

이들에 대한 약식 처형은 다른 학살들에 비견할 만한 비극을 만들었어

엘도라도 카라자스는 아직도 또 다른 보기야

여론과 판사에 닿기 위해

재빨리 국내적으로나 국제적 파문을 일으키기 위해 얼마나 준비돼야
하는지
하지만 잠시 후
모든 건 잊혔어
아무도 놀라지 않을 틀림없는 이유는
오늘날까지 어떤 가해자도 체포되거나 재판받지 않았다는 거야

정의 없이 평화란 없어
어떤 평화도 없어
엘도라도 카라자스
정의 없이 평화란 없어
어떤 평화도 없어
엘도라도 카라자스

— 브라질 파라주의 힙합그룹 MBGC 노래

5

May

존중받지 못하고 잊힌 사람들이
끊임없이 이야기를 들어 달라 요청하는 달.
귀 기울여 듣는 나와 우리의 만남,
그 만남이 애도의 공동체를 이룬다.

애도의 공동체가 내딛는 첫걸음은
'기억'하는 일이다.

우리에게는 '기억할 의무'가 있다

+ 인권 침해 가해자의 불처벌 문제

평택 대추리에 강제집행이 있었던 것도
강정마을에 해군기지를 건설한다는 확정 발표가 있었던 것도
쌍용자동차 22명의 희생자를 위로하는 자리가 만들어진 것도 **오월**이다.
파리 코뮌이 붕괴한 **오월**이요,
팔레스타인 대재앙의 날 '나크바'가 있었던 **오월**이다.
그리고 **5. 18 광주민중항쟁**이 있었다.

꽉 찬 오월이다. 기억으로 가득 차 있다. 오월 역시 일 년 열두 달의 어느 달이고 여느 달처럼 어느 누군가에게는 가슴 아픈 날도 있겠지만, 오월처럼 수많은 사람에게 이토록 아픈 기억으로 꽉 차기도 힘들 것 같다. 오월에 일어난 사건들은 피해자의 고통은 선명하게 계속되고 있는데 가해자의 얼굴은 은폐되어 있거나 진상 규명과 사법적 처벌은커녕 사과와 가책이라는 인간적인 요구마저도 묵살되었다는 공통점을 갖고 있다.

29만 원짜리 자기앞수표를 든 전두환의 벽보가 나붙었고 그림을 붙인 이가 즉결 심판에 넘겨졌다는 뉴스를 들었다. 그 뉴스는 우리에

게 기억은 충분히 기억되고 있는지 일깨워 주었다. 5. 18 광주민중항쟁에 관한 오래된 영상집의 제목은 '기억을 기억하라'였다. 기억은 과거에 해당하는 일이 아니라 현재의 일이다. 기억이 희미하거나 무시되는 곳에서는 또다시 같은 사건이 벌어지며 또다시 아픈 기억을 만들어 낸다.

하지만 기억은 대부분 무시되거나 왜곡된다. 애써 규명한 진실들이 의도적으로 훼손되고 새로 짜깁기된다. 기억하지 말고 빨리 잊으라고 재촉한다. 왜 그리됐는지 알려 하지 말고 운명으로 받아들이라 한다. 기억될 권리와 기억할 의무가 무시되는 곳에서 어떤 삶인들 의미 있는 존중을 받는다고 할 수 있을까.

한국 사회에 한창 과거 청산에 대한 논의가 일었을 때, 인권운동이 문제 삼은 용어가 '불처벌'이었다. '불처벌'이란 법률상 또는 사실상 인권 침해자에 대한 책임을 묻는 것이 불가능함을 가리킨다. '불처벌'을 가르쳐 준 것은 국제 인권 사회와의 접촉이었다. 비엔나 세계인권대회(1993)의 성과로 유엔은 〈인권 침해자의 불처벌에 대한 투쟁을 통해 인권을 보호하고 신장하기 위한 원칙들〉을 만들고 2005년 보완했다. 인권운동은 그 원칙을 국내에 알리며 그에 걸맞는 과거 청산을 위해 노력했다. 본래 그 원칙은 〈인권 침해 가해자의 불처벌 문제〉라는 보고서에 담긴 것이었다.

1991년 8월 유엔 인권 소위는 이 보고서의 작성자인 쥬아네에게 인권 침해자의 불처벌에 대한 연구 수행을 요청했다. 쥬아네는 이 연구를 통해, '불처벌'에 맞서 싸우려고 국제 사회가 어떤 단계를 거쳐 왔는지 검토했고 1996년 이 최종 보고서를 완성했다.

첫 단계는 1970년대로, 인권 단체와 법 전문가, 그리고 일부 국가의 야당들이 정치적 수인(양심수)들에 대한 사면을 요구하는 것으로 시작했다. 그런 노력이 활발했던 곳은 독재 체제하의 라틴 아메리카 국가들이었다. 양심수 사면은 자유의 상징으로서 여론의 광범위한 지지를 받았고 독재 체제에 대한 저항과 융합됐다.

두 번째 단계인 1980년대에 쇠퇴하기 시작한 군사 독재자들은 스스로 면죄부를 주려고 '자기 사면self-amnesty법'을 선포했는데, 일종의 비상사태 때 벌어진 일은 불처벌을 보장한다는 식이었다. 그런 자기 사면법은 피해자들의 거센 반발을 불렀고 피해자들은 정의를 구현하려고 뭉치기 시작했다. 대표적인 것이 아르헨티나의 '오월 광장의 어머니들'이나 '라틴 아메리카 실종자 가족 연합' 등이었다.

세 번째 단계는 민주주의로 이행하거나 회복하는 과정에서 내전을 끝내려는 평화 협상 과정에서 벌어졌다. 이전의 압제자들은 모든 것이 완전히 잊히기를 바란 반면, 피해자들은 정의를 요구했다. 도저히 균형을 맞출 수 없는 둘 사이에서 '불처벌'의 문제는 지속적으로 등장했다.

네 번째 단계는 국제 사회가 불처벌과 맞서 싸우는 것의 중요성을 깨달으면서 시작됐다. 가령 미주 인권재판소는 획기적인 규정으로 "심각한 인권 침해 가해자들의 사면은, 공정하고 독립적인 법원에서 공정한 재판을 받을 모든 사람의 권리와 양립할 수 없다."라고 했다. 비엔나 세계인권대회는 그 최종 문서인 '비엔나 선언과 행동 강령'에서 불처벌에 대한 싸움을 지지했다.

이런 배경 속에서 국제 사회는 불처벌 문제 전반에 적용될 원칙들을 하나씩 세워 나갔다. 그 원칙들을 아주 간단하게 요약하면, 피해자의 알 권리, 정의를 추구할 권리, 그리고 배상에 대한 권리이다.

도대체 무슨 일이 벌어졌는지는 알아야 할 것 아니냐. 피해 당사자와 그 주변인뿐만 아니라 그 사회의 구성원이 그 일을 알고 있어야 다시는 그런 일이 벌어지지 않도록 조치를 취할 것 아니냐. 이것이 '알 권리'의 내용이다. 권리가 있으면 그에 대응하는 의무가 있어야 한다. '알 권리'에 따른 의무는 '기억할 의무'라고 했다.

세월이 지났는데 새삼스럽게 이 옛 문서가 떠오른 것은 그 안에 담긴 수많은 원칙 중 첫 번째조차 잘 실현되고 있지 않기 때문이다. 진실에 대한 알 권리는 통제와 왜곡, 명예 훼손의 위협에 시달리고, 스스로 기억을 지운 자들이 기억을 조작하는 일이 벌어지고 있다. 연애 드라마 속의 기억상실증은 애틋할지 모르지만, 인권 침해자들의 의도적인 기억상실증은 복장 터질 노릇이다.

기억을 공유하는 사람들을 외면할 수는 없다. 내가 누군가를 알고 있고 기억하고 있다는 것, 누군가가 나를 알고 기억한다는 것이 얼마나 소중한지, "버림받은 사람보다 잊힌 사람이 더 불행하다."라는 신파조 대사가 정말 맞는 것 같다. 지금도 숨 가쁘게 달력을 채워 가고 있는 가슴 아픈 일들, 그 속의 사람을 기억하는 것은 불의에 대항해 싸우기 위한 기본적인 일임을 옛 문서를 들추며 다시 확인한다.

－ 2012년 5월 23일에 씀

+ 인권 침해 가해자의 불처벌 문제

I. 전체에 걸친 원칙들

A. 알 권리

...

17. 무슨 일이 벌어졌는지 알 권리, 진실에 대한 권리는 개별 피해자 또는 그와 밀접하게 연관된 사람만의 권리가 아니다. 알 권리는 또한 집단적인 권리로, 장차 피해가 재발하는 것을 방지하려고 역사에 다가가는 것이다. 알 권리에서 필연적으로 귀결되는 것은 '기억할 의무'로, 국가가 당연히 취해야 할 의무다. 그 목적은 수정이나 부정의 이름으로 역사가 왜곡되지 않도록 하기 위함이다. 겪어 냈던 억압을 아는 것은 한 민족의 역사적 유산의 일부이며 그런 것으로서 보존돼야만 한다. 이것이 집단적 권리로서 알 권리의 주요 목적이다.

18. 두 가지 일련의 조치가 이런 목적을 위해 제안되었다. 첫 번째는 가능한 빨리 비사법적 조사위원회를 설립하는 것이고, … 두 번째는 인권 침해와 관련된 기록을 보존하는 것이다.

B. 정의에 대한 권리

1. 공정하고 효과적인 구제에 대한 권리

...

26. 이것은 모든 피해자가 자신의 권리를 주장할 기회와 그 가해자가 재판을 받고 피해자가 배상받을 것을 보장하는, 공정하고 효과적인 구제의 기회를 가져야만 한다는 뜻이다. … 정의에 대한 요구에 효과적으로 부응하지 않고는 어떠한 정당하고 지속하는 화해도 있을 수 없다. 화해의 요소로서 용서란, 그것이 사적인 행위에 국한되는 한, 피해자가 침해의 가해자가 누구인지 알아야만 하고 가해자는 참회를 보일 위치에 있어 왔다는 뜻이다. 용서가 있으려면 정의 구현과 참회가 선행되어야 한다.

27. 정의에 대한 권리는 국가의 의무를 포함한다. 침해를 조사할 의무, 가해자를 기소하고 그 유죄가 성립된다면 처벌할 의무다. …

C. 배상에 대한 권리

...

40. 배상에 대한 권리는 개별적인 조치와 전체적, 집단적 조치 둘 다를 포함한다.

41. 개별적으로는, 피해자(친척과 부양가족을 포함하여)는 효과적인 구제를 받아야만 하며 적용되는 절차는 가능한 한 널리 공표돼야 한다. 보상에 대한 권리는 피해자가 고통받은 모든 상해를 포괄해야만 한다. 유엔 인권 소위의 특별보고관 테오 반 보벤이 기초한 '대규모 인권 침해의 피해자에 대한 배상에 관한 권리의 기본 원칙과 지침'에 따르면 세 종류의 행위가 보상에 포함된다.

(a) 회복(피해자의 이전 상태로의 회복을 추구)

(b) 배상(신체적 정신적 상해에 대한 배상, 상실한 기회, 물리적 손상, 명예의 훼손, 법적 비용 등 포함)

(c) 사회 복귀(의료적 치료, 심리적 정신적 치료 포함)

42. 집단적으로는, 피해자에게 예를 갖추고 국가의 책임을 공식 인정하기 위해 상징적 조치가 취해져야 한다. 예를 들어, 국가가 책임을 공식적으로 인정하는 것, 피해자의 존엄성을 회복하기 위한 공식적인 선언을 하는 것, 기념하는 의식을 갖는 것, 공식적으로 기념 거리를 명명하거나 기념비를 세우는 것, 기억의 의무를 이행하도록 돕는 것 등이다. 예를 들어, 프랑스에서는 1940년과 1944년 사이의 비시 정권이 자행한 인권 침해 범죄에 대해 프랑스 국가의 책임을 국가의 수장이 1996년 공식적으로 인정하는 데 50년 이상이 걸렸다. …

D. 재발 방지의 보장

43. 같은 원인이 같은 결과를 유발하기에, 피해자가 자신의 존엄성에 영향을 끼치는 새로운 침해를 감당해야 하지 않도록 세 가지 조치가 취해져야만 한다.

(a) 준 무장 집단의 해산 …

(b) 모든 비상 조치법의 철폐, 비상 법원의 폐지, 인신 보호 영장의 불가침성과 절대 훼손 불가능성에 대한 인정

(c) 심각한 침해와 연루된 상급 공무원의 공직 퇴출 …

맺는말

51. "인류의 기원에서부터 현재까지, 불처벌의 역사는 영구적인 갈등과 이상한 모순의 하나다. 억압자와 피억압자의 갈등, 시민 사회와 국가의 갈등, 인류의 양심과 야만의 갈등, 구속에서 풀려난 억압자들이 다시 국가의 책임을 넘겨받고 국가적 화해라는 메커니즘에 사로잡히는 모순, 이것이 불처벌에 대한 애초의 약속을 약화시키는 모순"(E/CN.4/Sub.2/1993/6) 1993년 유엔 인권 소위에 제출된 준비 보고서의 도입부에 담긴 정서가 이랬다. 그런 정서는 아직도 유효하며 지금 이 보고서에 적합한 맺는말을 제공하고 있다.

— Question of the impunity of perpetrators of human rights violations,
유엔문서번호 E/CN.4/Sub.2/1997/20(1997)

5. 18 광주민중항쟁 31주년이다. 억눌린 공포 속에서 광주를 말하는 것이 금기시되던 시절이 길었고 많은 이들이 광주 학살의 진상을 규명하라며 제 몸을 불사르거나 감옥에 갔다. 5. 18은 자국의 군인이 민주화를 요구하는 시민을 향해 곤봉과 대검, 급기야 총탄을 날린 학살이다. 많은 이들이 죽거나 다치거나 쥐도 새도 모르게 사라지거나 고문받고 옥에 갇혔다. 하지만 발포 책임자는 규명되지 않은 채 그저 국가 지정 기념일이 됐다. 명백한 학살자는 29만 원이 전 재산이라고 우기며 호의호식하고 있다.

5. 18 광주 학살이 강요된 침묵에서 밝은 세상으로 나온 이후 달라진 점이 있다면, 그날 라디오에서 〈오월의 노래〉를 틀어 준다는 것이다. 그렇다고 '꽃잎처럼 뿌려진 너의 붉은 피'라는 가사의 노래를 그대로 틀어 주는 건 아니다. 〈오월의 노래〉의 원곡이라는 프랑스 샹송을 틀어 주는 정도다. 비장한 〈오월의 노래〉와는 달리 감미롭게 들리는 원곡이다.

학살자와 그 동조 세력은 5. 18 같은 사건이 빨리 잊히고 혹여 기억되더라도 박제된 과거로 남기를 바라겠지만, 살아 꿈틀되는 기억이고 추모이려면 어찌해야 할지는 오늘을 사는 이들의 숙제다. 숙제를 푸는 한 가지 방법은 광주와 같은 고통을 가진 이들과 함께하는 것이다. 기억을 나누고 간직하고 잊지 않았다고 확인하기를 계속해야 한다.

부디 아니었으면 하는 바람이지만, 저 먼 땅에서도 광주와 같은 일을 60여 년이 넘도록 당하고 있는 사람들이 있다. 며칠 전에도 총탄에 수백 명이 다치거나 죽었다. 총탄 앞에서 외치는 그들의 요구는 원래 살던 땅, 고향으로 돌아가고 싶다는 것이다. 팔레스타인 난민의 이야기다.

팔레스타인 지역에 이스라엘 국가를 건설하려는 유대인의 오랜 움직임은 강대국을 등에 업고 강력한 무력을 바탕으로 이뤄졌다. 원래 살던 사람들을 무력으로 내몰고 그 땅을 제 것으로 삼는 일이었기에 '인종 청소'라는 무시무시한 인권 침해가 주요 전략이었다. 1948년, 유대인 무장 세력은 수백 개의 마을을 불태우고 불도저로 밀어 버리며 사람들을 내몰았다. 무장하지 않은 시민, 여성과 아이, 노인을 살해했다. 이러한 인종 청소로 팔레스타인은 자기 국가에 대한 정치적 자결권을 잃었을 뿐만 아니라 물리적인 땅에 대한 소유권까지 잃었다. 그렇게 1948년 5월 14일은 이스라엘 건국일이 됐고, 난민이 돼 버린 팔레스타인 사람은 5월 15일을 '나크바'('대재앙'이라는 뜻)의 날로 기념한다.

영국의 역사가 아놀드 토인비는 "1948년, 유대인은 자신들이 무슨 일을 저지르고 있는지 개인적 경험으로 알고 있었다. 유대인이 나치와의 경험에서 배운 교훈이 유대인을 향한 나치의 악마적 행동을 삼간 것이 아니라 모방했다는 것이야말로 유대인 최고의 비극이었다."라고 썼다.

한편, 한국의 학살자는 광주에서의 학살을 얘기하면 '유언비어'라 했고, 유언비어 유포는 엄중히 처벌하겠다고 했다. 다행히 그 유언비어는 사실이자 진실로 밝혀졌다. 이스라엘도 마찬가지 어법을 구사한다. 팔레스타인 땅을 빈 곳이었다고 말하는 것이다. 팔레스타인 사람은 7세기 이래로 그 땅에서 살아왔는데 말이다. 이것은 빈 곳이고 쓸모없고 야만인 땅을 문명화시키겠다는 전형적인 식민화 관점이다.

그렇게 팔레스타인의 존재 자체를 인정하지 않는 것이 이스라엘이 줄곧 취해 온 입장이다. 이스라엘의 수상이었던 메나헴 베긴은 이스라엘 사람의 입단속을 했다. "팔레스타인의 존재를 인정한다는 것은 이 땅이 팔레스타인의 땅이라는 것이고 이스라엘 땅이 아니라는 말이 된다. 그러면 이스라엘은 정복자인 것이지 이 땅의 경작자가 아닌 것이다. 이스라엘은 침략자가 된다. 이 땅이 팔레스타인 땅이라고 하면 이스라엘이 오기 전에 여기 살았던 사람들에게 이 땅이 속하게 된다." 그러니 '팔레스타인에 대해서는 말하지도 생각하지도 말라.'라는 뜻이다.

이러기에 이스라엘은 팔레스타인을 버려진 황무지였다고 학교에서 가르쳐 왔다. 황무지에 꽃을 피운 게 자신이라고 주장한다. 그러나 팔레스타인은 황무지가 아니었다. 팔레스타인의 삶을 파괴하고 숱한 인간의 생명을 비용으로 치르고 지은 집이 이스라엘이다. 팔레스타인 난민촌에서 사람들은 팔레스타인의 고향 지역에 따라 모여 산다. 같은 언어를 말하고 같은 음식을 만들고 같은 수를 놓으며 문화를 유지하고 있다. 이러니 팔레스타인 아이들은 태어나서 한 번도 본 적이 없는 팔레스타인의 마을을 잘 알고 있다고 한다. 그런 아이들의 미래는 같이 꾸는 꿈속에 있을 것이다. 무력으로 자기만의 국가를 고집하지 않고 기독교인이나 무슬림이나 선주민인 팔레스타인 사람이나 비-선주민인 유대인이나 피 흘리지 말고 한 땅에서 섞여 사는 꿈, 팔레스타인 사람들이 고향으로 돌아가서 삶을 이어 가는 꿈 말이다.

이스라엘의 첫 수상 다비드 반 구리온은 나크바에 대해 "늙은 자들은 죽을 것이고 젊은 자들은 잊을 것이다."라고 했다. 하지만 나크바는 잊히지 않고, 팔레스타인과 그들과 연대하는 세계인의 좌표가 돼 왔다.

국제 인권법에 대한 노골적인 무시와 외면, 정착촌과 분리 장벽의 계속적인 확대, 난민에게 인도주의적 지원을 하려던 국제지원선단에게게까지 총격을 해 대는 이스라엘의 인권 침해가 기억을 기억에 머물지 않게 하는 부채질이 되고 있음을 알아야 한다.

5. 18 영령과 팔레스타인 희생자들의 명복을 빈다. 정의의 회복 속에 부활하시기를 기도한다.

— 2011년 5월 18일에 씀

나크바

임시 천막이 건물로 바뀌었네
하지만 난민은 여전히 난민
기다림과 방임의 세월은
온갖 역경에 맞서 움켜쥔
단호한 결단력으로 바뀌었네
고대의 사랑하는 땅에 대한
계속되는 기억들을 위해
노래와 얘기들은 계속 살아왔네
오랜 추방 속에서도 귀환의 희망으로
쫓겨난 이들의 캠프에서
삶은 재로부터 피어오르며
때때로
단호한 저항의 의지를 드러내네
부당한 취급을 당한 사람들, 이들은 절대 포기하지 않으리
작디작은 땅에 대한 그들의 정당한 권리를
잃어버린 땅에 대한
고통과 애도의 반세기
팔레스타인 사람에게
갈 곳은 여전히 한 곳뿐
팔레스타인 사람의 고향뿐

— 스테벤 카트시네리스 (팔레스타인을 위한 호주 모임)

나크바

데이르 야신〔Deir Yassin; 대학살이 있었던 마을 이름〕
아몬드와 선인장,
기억의 뿌리에 달라붙은
학살의 유령들

아인 카렘〔Ein Karem; 예루살렘 남서부의 마을 이름, 그리스도교의 성지〕
초록 벨벳 속의 아몬드,
팽창하는 암적색 봉오리는
지금은 더욱 쓰라리게 자란다

하와라〔Hawara; 요단강 서안지대 이스라엘군의 검문소가 있는 곳〕
어머니의 꿈은
검문소에서 사산되네
팔레스타인의 희망이

　　　　　　　　　　　　　　　　　— 마리 퓨만 (이스라엘정의평화위원회 의장)

언론의 동행 없이
민주주의는 불가능하다

+ 언론의 자유 원칙, 빈트후크 선언

1991년, 아프리카의 언론인들이 빈트후크에 모여 언론의 자유 원칙을 세웠다.
언론의 독립성과 다원성을 위해 세미나를 열었고, 그 결과로 채택한 것이다.
유엔은 이 선언이 채택된 **5월 3일**을 '세계 언론 자유의 날'로 선포했다.

요즘 늘 그렇듯이 그날도 후덥지근하다 못해 숨이 턱턱 막혔다. 울산으로 '희망버스'가 가는 날. "오래도록 참 많은 사람을 불법으로 써 왔으니 이제 고만 정규직으로 전환하라."라고, 대법원 판결 좀 이행하라고, 이제 그만 좀 괴롭히라고, 그렇게 단순하고 정당한 요구를 하려고 철탑 위에 사람이 올랐다. 회장은 나 몰라라 하고, 동료 노동자는 자살하고, 날씨는 겨울에서 한여름으로 바뀌고, 언론은 침묵이고 인정은 차가운 듯하니, 그 노동자들의 숨이 얼마나 죄어들까? 그런 염려에 전국에서 주말을 반납하고 무더위에 시달릴 것을 각오하고 버스에 오른 사람이 많았다.

하지만 주말에는 꼼짝없이 식당 알바를 해야 하는 나는 틈틈이 인터넷으로 소식을 확인하면서 숨을 골라야 했다. 찜통 같은 주방 안에서 이렇게 땀 흘리다가는 탈진하겠다는 생각이 들 때쯤, 들려온 소식은 공포였다. 소화기와 최루액이 뿜어지고 암흑 속에서 사람들이 다치고 있다는 것이었다. 가만있어도 숨이 막힐 공기 속에 그런 걸 뿜어 댔다니, 이것저것 쏘고 던져 댔다니, 구급차가 몇 번이나 등장했다니, 사람들에 대한 걱정으로 마음속에서 열이 나 탈진을 부를 지경이었다.

철탑 위에까지 오른 사람의 사정을 조금이라도 돌아봤다면 벌어질 일이 아니었다. 물론 그랬다면 철탑 위에 올라갈 일도 없었겠지만 말이다. 그래도 저 철탑 위 사람들이 제발 살아 내려왔으면 하는 심정으로 달려간 사람들, 그들이 죽창과 쇠파이프를 든 폭도란다. 굳게 닫힌 회사 문을 열려고 시도한 일, 회사가 동원한 직원과 용역 깡패, 관망과 방조적 폭력과 적극적 폭력을 배합해 구사한 경찰과 맞장을 뜬 일이 '폭력'이란다.

언제나 그렇듯이 주류 언론의 입은 난리가 났다고 한다. 물론 희망버스 일부 참가자의 행동이 거슬렸을 수도 있다. 그렇더라도 그저 사실대로만 보도했으면 좋겠다. 동시에, 같은 자리에 있었던 사측 직원, 용역, 경찰의 행위, 그들을 동원하고 사주한 기업 책임자의 행위, 그 모든 일을 있게 한 배경도 같이 보도하면 좋겠다. 과장 억측 소설을 써서 인쇄하고 방송해서 유통시키고 판결하고 사법적 처단까지 하는 재주를 부리는 것이 언론의 역할은 아니지 않은가. 최소한 사실 보도는 해야 하지 않은가. 노동자들을 자살 행위와 다름없는 철탑으로 몰아댄 것은 바로 언론의 침묵 아니었을까. 탐사 보도까지는 못하더라도 억울하다고 부당하다고 공공연히 외치는 목소리마저 제거해 버리는 행태에는, 기본적 인권이니 하는 것 찾을 생각 말고 부당하다 여기지 말고 입 다물고 일만 하라는 훈계가 담겨 있는 것만 같다.

하지만 그렇게 강요하고 조장한 침묵으로도 철탑 위 노동자를, 그들을 위로하는 희망버스를 막지 못하자 언론은 갑자기 소란스러워진다. 가해자와 피해자의 위치를 바꿔치기 한다. 고통 속에서 찾고 헤매던 법의 정신과 공정함을 갑자기 들먹거린다. 그런데 표적이 다르다. 채증하라! 체포하라! 벌금 물려라! 손배가압류하라!

반면, 힘 있는 자들과 그 기관은 한 가족처럼 단단하게 엄호한다. 유엔 표현의 자유 특별보고관이 방한했을 때 미행하다가 걸렸던 그 기관, 심지어 시민의 기본권 중의 기본권인 참정권을 유린한 국정원을 싸고돈다. 그런 권력의 범죄를 보도하려고 애쓴 동료 언론인들을 내모는 데 앞장선다. 촛불집회나 시국선언 얘기는 그야말로 '풍문으로 들었소' 시늉을 한다. 최고 권력자에 대한 비판과 질문은커녕 찬양고무에 여념이 없다. 이쯤 되면, 주류 언론의 행태는 단순히 권력의 충견이나 공범 수준이 아니라 주범의 수준이다.

오늘 읽어 볼 인권문헌은 〈빈트후크 선언〉이다. 이 선언이 보호하고자 하는 언론의 책임과 그 때문에 겪게 되는 수난이, 지금 우리 사회 주류 언론의 것이었던 적이 있는지 묻고 싶다. 진정 '독립적'이고 '다원적'인 언론을 위해 노력한 일이 있었는지, 압력에 '저항'한 일이 있었는지 묻고 싶다.

YTN의 노종면, MBC의 최승호 피디 등이 쫓겨날 때, 그들이 침묵으로부터 진실을 해방하려 했을 때 주류 언론은 무엇을 했는가? 주류 언론이 취재증 차고도 첨단 장비로 무장하고도 못 하고 안 하던 취재와 보도를 문전박대와 내쫓김을 당하면서도 해내고 있는 '뉴스타파'를 곁눈질이라도 했는가? 해직 언론인들이 진심으로 다가갔던 쌍용차와 현대차 노동자, 삼성전자 백혈병 피해자, 제주 강정마을 주민, 밀양 송전탑 반대 주민 등을 주류 언론은 한 번이라도 들여다볼 생각을 했는가?

그러고도 펜을 놀리고 마이크를 잡는 게 괜찮은지 정말 묻고 싶다. 그러면서 '밥은 먹고 다니는지' 묻고 싶다.

민주주의의 험한 항해에는 언론이 늘 동반한다. 2001년, 빈트후크 선언 채택 10주년을 맞았을 때, 유엔은 정치적 폭력과 권위주의를 맞아 언론의 자유가 위태롭다는 성명을 냈다. 2011년에는 20주년을 맞아 '우리의 과거 현재 미래'라는 주제 아래 언론인들이 또 한 번 빈트후크 선언을 실천하기 위한 요구 사항들을 발표했다. 또한, 같은 해 나비 필레이 유엔 인권 최고대표는 '세계 언론 자유의 날'을 기념하여 다음과 같은 연설을 했다.

"'아랍의 봄'을 비롯하여 정치적 봉기에서 미디어는 중대한 역할을 할 뿐 아니라 무거운 대가를 치른다. …… 인민의 권리가 실현되지 않고 인민의 목소리가 침묵될 때, 어떤 지점에 이르면 인민은 자신의 권리를 주장하려고 떨쳐 일어설 수밖에 없다. 인권은 국가에 의해 박해·처벌받아서는 안 되며 표현의 자유와 집회의 자유가 그러하다. …… 언론은 사건들을 알리기 위한 지속적이고 용기 있는 노력 속에서 살해, 고문, 폭력, 모욕, 구금, 실종, 추방, 위협, 취재와 보도 방해 등의 대가를 치러 왔다. 그런 언론인들의 용기와 표현의 자유를 행사하려는 결단에 경의를 표하고 싶다. 그 일을 함으로써 언론인들은 나머지 우리들이 인권의 실현을 감시하고 지킬 수 있도록 해 준다. …… 빈트후크 선언이 지적한 문제는 아프리카만의 문제가 아니라 세계 도처의 문제다. …… 표현의 자유는 미디어를 위해 열린 공간이 아니라 전체 사회를 위한 것이다. 정보의 자유로운 유통은 인민이 공적 영역에서 자신의 권리를 주장할 역량을 강화한다. 정부에게 불리한 정보를 억압하고 배포를 방해하더라도 용감한 사람들은 늘 길을 찾아 왔다."

해직 언론인들은 우리의 민주주의와 인권을 위해 대가를 치르며 싸워 왔다. 희망버스에 대한 왜곡보도 앞에서 새삼 그분들에게 고마움을 느낀다. 그리고 물대포의 조준 사격을 받으면서도 카메라가 망가지는데도 현장에서 취재를 멈추지 않은 독립 언론인들에게 "고맙고 또 고맙다. 당신들이야말로 길을 만들어 온 사람들이다."라고 말하고 싶다.

그리고 또 하나의 사건을 만든 희망버스 승객들에게도 역시 머리를 조아려 "권력과 사이비 언론의 훈계와 보복에 아랑곳 않고 동행해 준 당신들이 있기에 살아갈 수 있습니다. 당신들 때문에 계속 인권을 말할 수 있어서 고맙습니다. 정말 고맙습니다."라고 말하고 싶다.

− 2013년 7월 24일에 씀

+ 빈트후크 선언 (1991)

나미비아 빈트후크에서 1991년 4월 29일부터 5월 3일까지 열린, 독립
적이고 다원적인 아프리카 언론을 증진하기 위한 유엔/유네스코 세미나
에 참여한 우리는 세계인권선언을 기억하며,

정보의 자유는 기본적 인권이라 한 유엔 총회 결의안 59(1)(1946년 12
월 14일)와 인류애에 헌신하는 정보에 관한 유엔 총회 결의안 45/76(1990
년 12월 11일)을 기억하며,

...

다음과 같이 선언한다.

1. 세계인권선언 제19조에 부합되는, 독립적이며 다원적이며 자유로운
언론의 설립과 유지와 증진은 한 국가에서 민주주의의 발전과 유지 그리
고 경제 발전을 위해 필수적이다.

2. 독립적인 언론이란 정부나 정치적 또는 경제적인 통제로부터 독립
적이며, 신문과 잡지와 정기간행물의 생산과 배포에 필수적인 물질 및 기
반에 대한 통제로부터 독립적인 언론이란 뜻이다.

3. 다원적인 언론이란 어떤 종류가 됐든 독점의 폐지, 그리고 사회 속의
최대 가능한 범주의 의견을 반영하는 신문과 잡지와 정기간행물이 가능
한 한 최대수로 존재하는 것을 가리킨다.

...

5. 민주주의, 그리고 정보와 표현의 자유를 향한 세계적인 경향은 인류

의 열망 실현에 대한 근본적인 기여다.

6. 오늘날 아프리카에서는 일부 국가의 긍정적인 발전에도 불구하고, 많은 국가에서 언론인, 편집인, 발행인이 억압의 희생자다. 그들은 살해되고 구금되고 검열당하며, 신문 발행의 제한, 발행 기회를 제한하는 허가제 시스템, 언론인의 자유로운 이동을 방해하는 비자 제한, 뉴스와 정보의 교환 제한, 국가 안에서와 국경을 넘는 신문 유통의 제한 등의 경제적·정치적 압력으로 압박당하고 있다. 일부 국가에서는 일당 국가 통제가 정보 전체를 통제하고 있다.

7. 오늘날 적어도 17명의 언론인, 편집인 또는 발행인이 아프리카의 감옥에 있으며 48명의 아프리카 언론인이 1969년과 1990년 사이에 그들의 임무를 수행하다 살해당했다. …

+ 빈트후크 선언(2011)

아프리카 연합의 모든 회원국 정부에게 촉구한다.

세계인권선언 제19조에 대한 정부의 약속을 재확인하고 이행하라.

언론의 자유, 표현의 자유, 정보에 대한 접근에 대한 정부의 약속을 재확인하고 이행하라.

다양하고, 다원적이며, 편집에서 정치적·경제적 개입으로부터 독립적인 미디어 환경을 보장하라.

표현의 자유와 프라이버시에 대한 권리를 포함하여 시민적 자유를 완전히 보장하면서 인터넷과 디지털 미디어의 잠재성을 이용하라. …

자유로운 표현에 불법적이고 남용하는 제한을 삼가라. 표현의 자유에 대한 어떠한 제한도 정당성이 있어야 하고, 엄격하게 (그 목적에) 비례해야만 한다(협소하게 정의해서, 민주사회에서 필요한 수준으로만, 세계인권선언 19조에 반하지 않는 조건에서)는 것을 유념하라. 제한은 일례로, 정치적 · 상업적 또는 여타의 외부적 영향으로부터 독립적으로 이행돼야만 하고, 자의적이지 않고 차별적이지 않게 이행돼야만 하며, 제한의 남용에 대해서는 독립적인 법원에 대한 접근을 포함하여 독립적이고 투명한 항의 장치의 제공을 보장하는 것으로 보완돼야만 한다. …

정부가 보유한 정보에 대한 접근에 적절한 자원을 제공하라. 그리고 정부 활동의 투명성을 보장하라.

언론인, 블로거, 그리고 디지털 미디어 플랫폼에서 표현하는 모든 사람의 안전, 이들을 위협, 협박, 신체적 공격, 생명 위협의 시도 등으로부터 안전을 보장하기 위한 신속하고 효과적인 행동을 취하라.

저널리즘의 전문적인 실행의 요건으로서 허가제를 삼가라. …

아프리카의 언론인, 언론사, 언론인 연합, 광범위한 언론계에 촉구한다.

1. 사회적 네트워크와 여타의 새롭게 출현하는 미디어 형태를 통해 정보가 유포될 때 전문적인 언론인의 가치와 실천이 적용돼야만 한다는 것을 인정하라.

2. 저널리즘의 높은 기준과 미디어 종사자와 신생 미디어 사용자들의

윤리적 행위를 장려하며, 뉴스 미디어는 공적 서비스임에 유념하라.

3. 특히 가난한 농촌 여성 등 소외된 집단에 대한 정보 접근을 증진하라.

…

6. 뉴스 취재와 모든 미디어 형태에서 특히 여성과 청소년의 목소리 등 목소리의 다원성을 증진하라.

…

8. 결사의 자유와 여타의 보편적 권리의 원칙을 존중하라. 언론인과 여타 미디어 종사자의 안전과 작업 조건을 증진하라. 충분한 전문적인 훈련과 안전 훈련의 기회를 제공하라.

…

10. 인터넷과 신생 미디어에 대한 접근을 가로막고 부인하며 제한하는 국가 및 기타 행위자의 압력에 저항하라. …

June

'아니 벌써' 한 해의 절반이라고 마음이 급해진다.
'이제 겨우' 절반밖에 안 지났다고 지쳐 간다.

삶과 노동에 대한 생각과 존중도
6월에 드는 생각만큼이나 극과 극이다.

자격 있는 사람에 한정된 자선과 시혜로 충분하다.
아니, 누구나 사회 구성원이라는 이유만으로
사회 보장을 누릴 수 있어야 한다.

충분히 싸야 하고 편리하게 쓰고 버릴 수 있어야 한다.
아니, 인간의 노동은 노동하는 사람의 인격과 분리될 수 없다.
고로 상품이 아니다.

우리의 6월은 어느 쪽에서 펼쳐지고 있는가?

동정심으로 다가오는 이들이 밉다

+ 사회 보장 최저선에 관한 국제노동기구의 권고

2012년 6월 14일
국제노동기구는 사회 보장 최저선과 관련하여
비공식 부문에 고용된 사람들 또한 사회 보장에 대한 권리를 가진다는
새로운 권고안을 발표하였다.

드라마에서 자주 변주되는 소재 중 하나가 '키다리 아저씨'다. 어
렸을 적 나의 애독서 중 하나이기도 한데, 불우하지만 씩씩한 여주인
공과 그녀를 은밀하게 돕는 부자 남성의 관계로만 그 내용이 소비되
는 게 탐탁지 않다. 제목은 '키다리 아저씨'지만 사실 이 책의 주인공
은 키다리 아저씨가 아니라 고아원 출신 소녀 주디다. 주디는 결코 후
견인의 일방적 도움을 받는 사람이 아니라 자기 생각과 감정에 솔직
하고 충실할뿐더러 사회의 편견과 배제를 날카롭게 뚫어볼 수 있는
역량을 가진 사람이다. 키다리 아저씨는 고아원의 후원자로서 글재주
가 있는 소녀 주디를 대학에 보내 주는데, 주디는 대학 생활에서 벌어
지는 온갖 일에 대한 자기 생각을 거침없이 편지에 담는다. 그 편지로

채워진 것이 바로 소설 〈키다리 아저씨〉이다.

아주 어렸을 때 읽었지만, 요즘 나는 사회 보장에 대한 얘기를 꺼낼 때 이 소설 속 주디의 말을 인용하고는 한다. 가령 대학 예배에서 설교를 들은 주디는 분노한다. "가난한 사람이 이 세상에 있는 것은 우리에게 자비심을 가지게 하려는 것이라는 설교를 들었습니다. 가난한 사람은 말하자면 유용한 가축이라는 식이더군요." 덧붙여 주디는 어린 시절 학교에 구호품 옷을 입고 갔는데 그 옷의 기증자가 옆자리에 앉은 급우였던 일을 회상하면서 "저는 동정심을 갖고 다가와서 위로의 말을 하는 그 애들을 하나도 빼지 않고 모두 미워했어요. 특히 동정심이 있는 체하는 아이들은 더 미워했습니다." 자선과 시혜 또는 구제라는 것들은 주는 자의 입장에서의 표현이지 받는 자의 입장을 고려한 것이 아니라고 주디는 지적한다.

호기심 많고 모험을 즐기며 상상력이 풍부한 주디가 자신의 상상력의 한계를 토로하는 대목도 있다. 고아원이 아닌 '보통'의 '집'으로 들어가는 공상을 하는데, 그 공상이 집 문 앞에 이르면 희미해진다고 슬퍼한다. "보통 집에는 한 번도 들어가 본 일이 없었기 때문"에 "들어가려는 집의 현관 안을 전혀 상상할 수 없었다."라는 것이다. 여기서 '보통 집'이라 말한 것을 나는 제법 살아야 맛볼 수 있는 사회 보장 제도라 생각해 본다. 직장이 안정되고 좋을수록 덩달아 든든한 사회 보장이 있고, 불안정하고 권리가 취약한 일자리일수록 사회 보장을 꿈꿀 수가 없다. 흔히 복지 경험이 부족해 복지에 대한 안정된 지지와 기여를 기대하기 어렵다고 말하는데, 우리는 문 앞에 서서 집안을 도저히 상상해 볼 수 없는 그런 처지에 있는 것이 아닌가 싶다.

밝은 성격의 주디가 우울해하는 것은 사회적 배제를 절감할 때다. 같은 학교에 다니고는 있지만, 주디는 다른 학생들이 읽은 것, 먹어 본 것, 보고 즐긴 것을 직접 겪어 본 일이 없다. 18년 동안 고아원에서 생존에 대한 최저 수준의 권리만을 보장받아 온 삶이었기에, 그런 삶에는 필요 없다고 여겨진 것들의 필요가 한꺼번에 몰려든 것이다. 그래서 외계인 취급을 받게 된 주디는 학과 공부 대신 타인과 어울리기 위한 교양 쌓기 학습에 남몰래 몰두한다. 그러면서 "아저씨, 대학 생활에서 어려운 것은 공부가 아니더군요. 노는 것이 힘들어요. 저는 다른 학생들이 말하는 것 중의 반은 무슨 얘긴지 통 알아들을 수가 없어요. 그들의 농담은 저만 빼고 누구나 알고 있는 과거의 일과 관계가 있는 것 같아요. 저는 그 세계에서 생소한 외국인이에요. 말을 알아들을 수가 있어야지요. 참 비참한 느낌이 들어요."라는 편지를 쓴다.

'최저선'이라는 것이 사회적 배제를 줄이고 막으려는 것이 아니라 오히려 분리의 벽을 두껍게 하는 것이라면, 그 최저선으로 보장되는 생계에 대한 권리란 인권이 아닌 굴욕에 대한 적응이 아닐까. 나의 주디는 당당하게 덧붙인다. "제가 딴 애들과 실질적이고 근본적인 차이점이 있다고는 생각지 않습니다. 안 그래요?" 사회 보장이 보장해야 하는 것은 주디의 말처럼 '근본적인 차이점'이 없는 인간의 존엄성이며, 최소한의 생계 보장은 그 수단이지 그 자체가 목적은 아니다.

차별과 배제의 경험을 평등과 포함의 것으로 바꿔 나가면서 주디는 "내가 묵인을 받아 이 세상에 끼어든 것이 아니라 진실로 이 세상에 속해 있다는 느낌이 들기 시작했다."라고 표현한다. 그리고 주디는 자기 발로 서면서 적극적으로 타인의 고통에 관심을 갖게 된다. "저는 누구에게나 가장 필요한 건 상상력이라고 생각하고 있어요. 그것만 있으면 다른 사람의 입장에 처해 볼 수도 있어요. 상상력이 사람을 상냥하고 공감하고 이해심이 많게 하지요."라고 말하는 주디의 상상력의 힘은 공상이 아닌 사회적 포함의 경험 속에서 나온 것이다.

지난 6월 14일, 국제노동기구ILO는 사회 보장 최저선에 관한 새로운 권고를 발표했다. 이 권고는 사회 보장 최저선의 조속한 이행을 촉구하며 특히 공식 경제 부문에 고용된 사람들뿐 아니라 비공식 부문에 고용된 사람들 또한 사회 보장의 권리를 가진다고 강조한다. ILO가 사회 보장의 기준을 제시해 온 것은 어제오늘의 일이 아니다. 하지만 새로운 권고를 발표하는 기자회견문에서도 밝혔듯이, 50억이 넘는 인류, 사실상 대부분의 인간에게 적절한 사회 보장이 없는 것이 현실이다.

ILO가 만들어 온 사회 보장 관련 기준의 초석으로 작용하는 일명 '필라델피아 선언'(1944년)은 "노동은 상품이 아니다."라는 기본 원칙을 밝히며 시작한다. 노동이 사고파는 상품이 아니라면, 인간의 생존 또한 상품을 팔았느냐 말았느냐에 의존해서는 안 될 것이다. 나는 이 구절을 볼 때마다 사회 보장을 임금 보조 장치로 국한해 생각해서는 안 된다는 것으로 이해한다. '사회'라는 말이 '경제'에 먹힌 지 오래지만, 진짜 사회 보장을 추구하려면 경제 회복이나 발전이 아니라 사회를 복원해야 한다는 말로도 읽힌다. '사회'가 빠진 생존 보장이 얼마나 허술한지 알기 때문이다. 사회가 빠진 생존 보장이란 흔히 '있는 쪽에서 베푸는 시혜'로 여겨진다. 호의를 베푸는 것이니 적당히 상대방의 자존심이나 자율성을 침해해도 된다고 여겨질 때가 많다. 그럴 때마다 그것은 생존에 대한 권리가 아니라 구차하게라도 살아야 할 굴레가 돼 버린다. 하지만 사회 보장은 임금 보조 장치가 아니라 사람 간의 관계를 구성하는 것, 서로에게 보장하고 북돋아 주기로 한 약속이자 의무다. 그 구체적인 실현의 예는 모든 사람에 대해 차별 없고 배제 없는 기본 소득과 의료의 보장이다.

선거를 앞두고 사회 보장에 대한 논란이 떠올랐다 가라앉았다 한다. 그럴 때마다 그것의 구체적인 내용과 실천에 관계없이 숱한 삶들을 도마 위에 올려놓는다. 받는 사람 내지 받아야 할 사람과 상관없이, 주지도 않고 생색내는 쪽의 관점에서 누군가의 삶이 비늘 벗겨지고 잘리는 느낌을 받는다. 그럴 때마다 나는 주디를 떠올린다. 사회 보장을 '범국민 특별 안전 기간 선포'로 바꿔치기하려는 시도나 "기업에 부담을 줘서는 안 된다."라며 갑옷부터 챙겨 입으려는 시도를 볼 때, 주디라면 뭐라고 맞받아칠까 궁금해진다.

사회 보장 최저선에 관한 권고문은 딱딱하고 원칙적인 단어들로 채워져 있다. 이런 문구에 구체적인 사람의 얼굴을 입혀 본다. 그것은 소설 속 주디의 얼굴이 아니라 우리가 매일 부딪히는 사람들의 얼굴이다. 한 골목에서 폐지를 줍는 십여 명의 노인들, 몸도 마음도 종종거림에 지쳐 보이는 여성들, 같은 골목에서 넥타이를 풀어 헤치고 한잔 술에 빠진 고단한 장년들, 고시원에서 슬리퍼 차림으로 나와 배회하는 청년들, 껌과 초콜릿을 파는 장애인, 간판이 자주 바뀌는 고만고만한 점포의 주인들, 그런 우리가 모여 사는 골목에서 '사회'의 '보장'을 경험할 수 있는 상상력이 발휘됐으면 한다.

— 2012년 9월 19일에 씀

+ 사회 보장 최저선에 관한 국제노동기구의 권고

　ILO 총회는 사회 보장에 대한 권리가 인권임을 재확인하며, 사회 보장에 대한 권리는 고용 증진과 더불어 발전과 진보를 위해 경제·사회적으로 필수임을 확인하며, 사회 보장은 빈곤·불평등·사회적 배제·사회 불안을 줄이고 예방하며, 평등한 기회와 성·인종의 평등을 증진하며, 비공식 고용에서 공식 고용으로의 전환을 지원하는 중요한 도구임을 인정하며 … 이 권고를 채택한다.

　I. 목적, 범위, 원칙

　1. 이 권고는 회원국에게 지침을 제공한다.
　(a) 적용 가능한 것으로서 사회 보장 최저선을 자국의 사회 보장 체제의 기본 요소로 수립하고 유지할 것.
　(b) ILO 사회 보장 기준에 따라, 가능한 한 많은 사람에게 더 높은 사회 보장 수준을 점진적으로 보장하는 사회 보장 확장 전략 내에서 사회 보장 최저선을 이행할 것.
　2. 이 권고의 목적상, 사회 보장 최저선이란 빈곤·취약성·사회적 배제를 방지하거나 경감하기 위한 목적의 보호를 보장하는 것으로서 국가적으로 정의된 일련의 기본적 사회 보장을 보장하는 것이다.
　3. 이 권고가 효과를 발하는 데 당사국의 전반적이고 우선적인 책임성을 인식하며 회원국은 다음의 원칙을 적용해야만 한다.

(a) 사회적 연대에 기반한 보호의 보편성.

(b) 국가 법률로 명시된 급부에 대한 권리.

(c) 급부의 적절성과 예측가능성.

(d) 비차별, 성평등, 특별한 요구에 대한 반응.

(e) 비공식 경제에 속한 사람들을 포함하는 사회적 포함.

(f) 사회 보장이 포괄하는 사람들의 권리와 존엄성에 대한 존중.

(g) 목표 설정과 시간표를 포함하는 점진적 실현.

(h) 사회 보장 체제의 자금을 내는 이와 혜택을 보는 이들 간에 책임성과 이익 간의 최적의 균형 성취를 추구하는 동시에 복지 재정에서의 연대.

(i) 재정 마련과 전달 체계를 포함하여 방법과 접근의 다양성에 대한 고려.

(j) 투명하며 책임성 있고 건전한 재정 운영과 행정.

(k) 사회 정의와 평등을 정당하게 고려하는 재정적·경제적 지속가능성.

(l) 사회·경제 및 고용 정책과의 일관성.

(m) 사회적 보호 전달을 책임지는 기관들을 관통하는 일관성.

(n) 사회 보장 체제 전달을 강화하는 양질의 공공 서비스.

(o) 불만과 이의를 제기하는 절차의 효율성과 접근성.

(p) 이행에 대한 정기적인 모니터링, 정기적인 평가.

(q) 모든 노동자의 단체 협상과 결사의 자유에 대한 완전한 존중.

(r) 여타 관련인의 대표 조직과의 협의뿐 아니라 고용주와 노동자의 대표 조직의 삼자 참여.

II. 국가 사회 보장 최저선

4. 회원국은 국가 상황에 따라서, 기본적인 사회 보장을 실현하는 자국의 사회 보장 최저선을 가능한 한 빨리 수립하고 유지해야만 한다. 그 보장은 전 생애를 포괄하며, 국가 차원에서 필수라고 정의된 재화와 서비스에 대한 효과적인 접근 보장과 더불어 보호를 필요로 하는 모든 사람에게 필수적인 건강 보호와 기본적인 소득 안전에 대한 접근을 최소한 보장해야 한다.

5. 앞서 언급한 사회 보장 최저선은 적어도 다음의 기본적인 사회 보장을 포함해야만 한다.

(a) 국가적으로 정의된 일련의 재화와 서비스에 대한 접근. 이것은 가용성, 접근성, 수용성 및 질적인 범주를 충족시키는, 모성 보호를 포함한 필수적인 건강 보호를 구성하는 재화와 서비스다.

(b) 아동에 대한 기본 소득의 보장. 적어도 국가적으로 정의된 최소 수준에서 영양, 교육, 돌봄 및 기타의 필수적인 재화와 서비스를 제공하는 것.

(c) 적어도 국가적으로 정의된 최소 수준에서, 충분한 소득을 벌 수 없는 경제 활동 연령에 대한 기본 소득의 보장. 특히 질병, 실업, 출산, 장애의 경우.

(d) 적어도 국가적으로 정의된 최소 수준에서, 노인에 대한 기본 소득의 보장.

6. 회원국들은 기존의 국제적 의무에 따라 이 권고에서 언급된 기본적인 사회 보장을 국가법과 규정에 정해진 대로 적어도 모든 거주자와 아동

에게 제공해야만 한다.

7. 기본적인 사회 보장은 법률로 수립돼야만 한다. 국가법과 규정은 사회 보장의 효력을 낳은 급부의 범위, 질적 조건과 수준을 명시해야만 한다. 또한, 공평하고 투명하며 효과적이며 간단 신속하고 접근성 있으며 비용이 많이 들지 않는 불만과 이의 제기 절차가 명시돼야만 한다. 항의 절차에 대한 접근은 신청자에게 무료여야 한다. 국내법의 틀에 부응하는 시스템이 정착돼야 한다.

8. 기본적인 사회 보장을 정의할 때 회원국은 다음 사항을 정당하게 고려해야 한다.

(a) 건강 보호를 필요로 하는 사람은 필수적인 건강 보호에 접근한 금전적인 결과로 인해 곤궁해지거나 더 가난해져서는 안 된다. 가장 취약한 사람에 대한 무상의 출산 전후 의료 보호가 고려돼야만 한다.

(b) 기본 소득 보장은 존엄한 삶을 허용해야만 한다. 국가적으로 정의된 소득 최소 수준은 일련의 필수적인 재화와 서비스의 통화 가치와 빈곤선, 사회적 지원을 받기 위한 소득 기준점 또는 그에 필적하는 여타의 국내법이나 관행으로 수립된 기준점들에 부응해야 하며 지역적 차이를 고려할 수 있다.

(c) 기본 소득 보장의 수준은 국내법과 규정 또는 관행으로 수립된 투명한 절차를 통해 정기적으로 재검토돼야만 한다.

(d) 사회 보장 수준의 수립과 재검토에 관하여 노사 및 관련자 대표 조직의 삼자 참여가 보장돼야만 한다.

...

16. 사회 보장 확대 전략은 취약 집단과 특별한 요구가 있는 사람에 대

한 지원을 보장해야만 한다.

…

20. 당사국은 진전을 평가하고 사회 보장의 수평·수직적 확산을 위한 정책을 토론하기 위한 국가적 협의를 정기적으로 해야만 한다.

…

23. 당사국은 사회 보장 데이터 시스템에 담긴 사적인 개인의 정보를 보호하는 법률 구조를 수립해야만 한다.

나는 세탁기가 아닌 노동자

+ 〈무차차〉, 나는 나는 세탁기

'가사 노동자 권리 협약'이
2011년 6월 16일 ILO 100차 총회에서 채택되었다.
이 협약은 가사 도우미·베이비시터·정원사·요리사 등 가사 노동자의
노동 기본권을 보장하는 내용을 담고 있다.

〈무차차〉라는 시를 본 것은 유네스코에서 1995년 세계 관용의 해를 맞아 발간한 인권 교육 지침서에서였다. 이 지침서는《브라질 여성》이라는 인권소식지 1993년 겨울호에서 이 시를 발췌했다고 했다. '무차차'는 '소녀'라는 뜻이지만 착취당한 경험에 대한 자기 목소리를 내는 어떤 연령의 여성이라도 상관없다는 설명이 붙어 있었다.

나는 인권 교육 프로그램에서 이 시를 자주 사용했다. 이 시를 보여주면서 이 시의 반복어구인 "나는 나는"이라는 화법으로 우리 사회의 착취와 차별을 고발하는 글을 쓰게 했다. 참여자들은 때로는 아이의 눈으로, 지방대생의 눈으로, 또는 저임금 노동자의 눈으로, 또 어느 누구의 눈으로 세상을 바라보며, "나는 나는"의 입장에서 할 말을 가슴

깊은 곳에서 길어 올리고는 했다.

"그들/그녀들"로 지칭하는 3인칭이 아니라, "나는/우리는"으로 말하는 1인칭의 화법은 공명을 일으킨다. "그들은 이주 노동자다."가 아니라 "우리가 이주 노동자다."라고, "그들이 장애인이다."가 아니라 "우리가 장애인이다."라고, "그녀가 김진숙이다."가 아니라 "내가 김진숙이다." "우리 모두가 김진숙이다."라고 하는 1인칭의 화법이 바로 연대의 화법임을 교육 프로그램에서 확인했다.

〈무차차〉에 등장하는 화자는 가사 노동자로 일하는 소녀다. 가사 노동자라······. 연속극에 등장하는 부잣집에 늘 딸려 나오는 배역으로만 생각했던 사람들이다. 그런데 한 번 더 생각해 보니 그 사람들은 드라마 속만이 아니라 현실의 내 곁에도 참 많이 있었다.

〈영자의 전성시대〉에 나왔던 식모는 어린 시절 앞집 옆집에 다 있었다. 시골에서 올라온 어린 소녀들을 거둬 준다는 명목으로 데리고 있다고 했지만, 그 소녀들은 쉴 틈 없이 몸을 놀려야 했다. 중학 시절 부자 친구 집에는 명절 때만 시골의 자식들을 만나러 가는 입주 가정부가 있었다. 그 집에 놀러 가면 가지런히 깎은 밤과 사과를 간식으로 내놓고는 했다. 말없이 간식거리를 올려놓고 사라지는 그 아줌마가 어두운 밤 공중전화를 붙들고 있는 걸 봤다. "잘 먹고 잘 지내지? 엄마는 너희 생각하며 열심히 일하고 있으니까 조금만 참고 기다려." 조금 있으면 눈물비가 떨어질 것 같아 얼른 지나쳤다.

내 엄마가 처음 돈벌이를 나간 일도 파출부였다. 엄마가 가는 날에 그 집에서는 모든 커튼과 이불 빨래를 다 꺼내놓는다고 했다. 잔치를 하는데 종일 일을 한 엄마에게는 먹어 보라는 소리 한 번 안 하고 정원의 눈을 치우게 했다는 얘기를 한참 나중에야 들었다. 요즘은 자연스러운 영어 과외까지 일석이조이기에 특정 국적의 이주 노동자 도우미를 선호한다는 기사를 어디선가 본 것 같다. 가사 분담을 놓고 다투기보다는 일정 시간 고용 노동으로 처리하는 게 합리적이라는 맞벌이 부부도 흔히 본다. 그렇게 식모, 파출부, 가사 도우미, 가정 관리사로 이름이 변하는 동안 많은 사람이 그 일을 거쳐 왔고 지금도 하고 있다. 하지만 드라마의 필수적 단역을 스쳐보듯이 그 '일'을 '노동'으로는 생각 안 해 왔던 듯하다. 누구나 돌봄(식사, 청소, 육아, 간병 등)을 필요로 하고 돌봄에 의존한다. 하지만 그 일은 '가정일' 또는 '허드렛일'로 여기거나 값싼 노동에 떠맡긴다. 그 결과 돌봄 노동은 공적 의제가 되지 못하고 돌봄 노동자는 공적 무대에서 안 보이는 '그림자 노동'을 수행한다.

　2011년 6월 16일, 제네바에서 열린 제100차 ILO 총회에서 '가사 노동자 권리 협약'이 채택됐다. 그 뉴스를 보고 화들짝 놀랐다. 더 놀란 것은 한국의 근로기준법이 '가사 사용인'에게는 적용이 제외돼 있음을 몰랐던 것이었다. 일하는 사람이 노동자로 인정받지 못한다는 것은 고용·산재보험 등에서도 제외된다는 것이고, 일을 하다 임금을 떼이고 모욕을 당하는 등 부당한 대우를 받아도 어디에 호소할 길이 없다는 것이다. 법조문을 읽으면서도 그 '제외'라는 단어에 아무런 문제의식도 없었기에 그게 안 보였다. 그래서 무지한 상태에 머물러 있었던 것 같다. 한국 정부가 협약에 대한 투표를 목전에 두고도 아무런 입장도 정하지 않았다는 것이나 협약을 비준할 가능성이 별로라는 것에도 화가 나지만 내 무지에는 더 화가 났다.

이번에 채택된 ILO '가사 노동자 권리 협약'은 가사 도우미, 보모, 개인 고용 운전사 등 전 세계 1억 가사 노동자를 노동자로 인정하고 그 권리를 보호하라고 약속한 것이다. 뭐 대단한 게 아니다. 정말 기초적인 거다. 가사 노동자를 고용하는 경우에도 다른 부문에서 노동자를 고용할 때와 마찬가지로, 급여는 얼마이며 노동 시간은 얼마이며 등을 명시한 계약서를 작성해야 한다는 것이다. 대충 "식구처럼 지내요."라고 얼버무리지 말라는 얘기다. 또, 매주 최소한 하루 이상의 휴일을 보장하고, 노조 결성 등 기본권 보장과 노동 재해 때 보상 절차도 두도록 했다. 이 협약이 이행되려면 물론 각 국가에서 협약을 비준해야 하고 그 기준에 맞는 국내법을 만들고 실행을 위한 조치를 취해야 한다.

집안일, 노약자 돌보기, 아이 돌보기와 산후 관리. 해도 해도 끝이 없는 무수한 가짓수의 일, 정말 중요한 일을 왜 '일'로 여기지 않는 걸까? 당연히 '일'로 여겨야 한다. 그리고 그 중요한 일을 남에게 돈을 주고 시킬 때는 고용주로서 지켜야 할 원칙과 기준이 있다는 것이 이 신생 국제 협약의 메시지다.

이 협약의 채택을 위해 싸워 온 아프리카 지역 활동가 비키 칸요카는 이렇게 말한다. "내 국가는 탄자니아고 가난한 국가지만 2004년 고용 노동 규제법에서 가사 노동자를 인정했다. 이 법은 최저 임금과 결사의 자유와 단체 협약을 포함한다. 그리고 지금은 사회 보장 체계에 가사 노동자를 포함하기 시작했다. 상상력과 헌신은 처음에는 극복할 수 없는 것처럼 보이는 문제들의 해결을 도울 수 있다."

— 2011년 7월 13일에 씀

+ 무차차

나는 나는 세탁기
내 몸값이 세탁기 값보다 더 비싸지 않을 때까지는
주인님이 사지 않을.
주인마님의 시간을 덜어 주고
거친 손을 막아 주는
나는 나는 세탁기

나는 나는 진공청소기
주인마님이 필요로 하지 않는.
나는 차 청소기
세탁소
환자의 병실
시장바구니

나는 주인마님의 해방자
바라는 모든 것으로 가득한
단추
나를 눌러만 주세요
나는 더 싸니까
…

144

7
July

손에 닿고 입김이 닿는 모든 게 뜨겁게 달아오르는 계절,
'용광로'처럼 뜨겁다는 상투어가 입에 붙는 달.

아무리 더워도 용광로는 꺼지지 않는다.
건물은 올라가고 버스와 청소차는 달리고
지하철의 문은 수시로 열리고 닫힌다.

그 노동의 순간마다 장소마다 노동자의 죽음이 있다.
언제부턴가 사람들은 꽃을 놓고 메모지를 붙인다.

안전하고 건강하게 일할 수 있으려면
도대체 꽃 무덤과 메모지 산이 얼마나 쌓여야 할까?

모든 연령을 위한 사회

+ 노인의 인권 상황에 관한 유엔 인권 최고대표 보고서

2012년 7월 17일, '복지시대 시니어 주니어 노동 연합'이 창립했다.
창립선언문에는 "노년 세대는 양극화와 소외의 그림자 속에서
살아가고 있는데도 노년 세대에 대한 대책은 미흡한 실정"이기에
"노인들이 스스로 노년 문제를 해결하기 위해 힘을 결집해야 할 시기"라고
밝혔다. 한편 이날 창립에 반대하며 어버이연합 회원 20여명은
행사장 진입을 시도하며 소란을 피웠다.

최근 어떤 모임에서 40대 이상이 대부분인데 20대가 단 한 명 끼어 있었다. 대화 중에 20대인 사람이 "아이고, 다 40대네."라는 말을 내뱉자, 나도 모르게 "우리도 모두 20대였거든요."라는 말이 바로 튀어나왔다.

지금을 살아가는 모든 사람이 아이였고 젊은이였던 경험은 가질 수 있으나 모두가 노인이었던 경험을 가질 수는 없다. 늘 어려서 무시받는 것으로만 알고 있었는데, 나이 듦에 따라 어떤 연령대든지 나이에 의해 억압받는다는 것을 알게 됐다. 그래서 고령화에 대한 국제 사회의 행동 구호가 "모든 연령을 위한 사회"인가 보다.

인권활동가들끼리 장래 얘기를 나눌 때면, 대개의 사람이 그렇듯이 노후 대책이라는 게 없다. 그렇게 아무 대비도 없이 어쩔 거냐는 물음에 이구동성으로 "노년 인권운동 할 거야."라고 한다. 노년 인권 단체 만들어 평생 현역으로 활동하겠다는 기세다. 자비로 저축하거나 사회적 지원을 앉아서 기다리기에는 막막하다는 것이다. 그러니 직접 나서는 게 최고의 노후 대책이라는 결론이다.

그런 게 나와 내 주변 사람만의 마음은 아니었는지, 최근 노년 노조에 관한 뉴스를 봤다. 노년 노조가 추구하는 가치와 행동 계획에 관한 자세한 얘기보다는 어버이연합과의 해프닝이 뉴스의 주를 이뤄서 아쉬웠고 궁금한 게 많았다. 청년유니온 결성에 이어 노년 노조의 결성이라는 '세대'의 결집과 이들의 연대가 어떤 그림을 만들고 연대의 틀과 내용을 어떻게 짜 갈지 걱정과 기대가 교차된다. 어버이연합으로 인한 기우도 한몫한다. 가 보지 않은 길에 대한 걱정과 응당해야 할 일에 대한 기대라 할 수 있다.

고령화가 국제 인권 무대의 의제가 된 지 30여 년 정도다. 1982년 고령화에 대한 비엔나 국제행동계획이 채택된 뒤, 변화하는 인구에 대응이 필요하다는 합의가 생겼다. 1991년에 채택된 '노인을 위한 유엔 원칙'과 '2002년의 마드리드 행동 계획' 등 몇 개의 선언적인 문서가 나이에 따른 차별과 노인의 인권 문제를 다뤘다. 이런 선언은 구속력 있는 국제 조약은 아니다. 또한 기존의 국제 인권법에서는 나이에 근거한 차별을 그다지 부각하지 않았고 대부분 '기타의 지위'로 취급했다.

최근 발전된 국제 인권 보장 장치 중에 '보편적 정례 검토universal

periodic review'라는 것이 있다. 유엔에 가입한 모든 회원국의 인권 상황을 4년마다 정기적으로 검토하는 것인데, 이제 한 번의 회전이 끝났다. 분석에 따르면 각국이 낸 인권 보고서에서 노인 문제는 다른 인구 집단에 비해 거의 다뤄지지 않았다고 한다. 그저 여러 취약 집단의 나열 속에 노인이 포함된 수준이다. 이런저런 이유로 최근에는 노인에 대한 포괄적인 인권의 틀이 필요하다는 판단 아래 노인에 대한 국제 조약을 만들려는 움직임이 있다. 조약으로 만들면 국제법에 따른 당사국의 의무가 고려되고 실천에 대한 모니터링이 가능하기 때문이다. 물론 이런 노력은 규범적인 차원의 공백을 메워 보겠다는 것이고, 그것만이 유일한 대안은 아니다.

이런 흐름 속에서 유엔 인권 최고대표는 올 상반기에 노인의 인권 상황에 관한 보고서를 유엔 총회에 제출했다. 실천 방안보다는 노인이 당면한 인권 문제의 항목들을 나열한 수준이지만, 그간 국제 사회의 논의를 축약했다고 볼 수 있다.

이 보고서의 맨 앞에서나 여타의 비슷한 문서에서도 으레 시작하는 말은 '노인 인구의 대폭 증가'다. 그러나 노인 인구가 많아졌다고 해서 자동적으로 그게 중요한 인권 문제가 되는 것은 아니다. 아무리 다수가 겪는 고통이어도 안 보이고 말하지 않는 문제인 경우가 많다. 소수의 문제냐 다수의 문제냐가 중요한 것이 아니라, 왜 그리고 어떻게 보고 말하려는지가 중요하다. 규범으로나 실천으로나 너무 많은 공백과 격차가 있는 노인 인권 문제는 단순히 나이 들고 신체적·정신적으로 취약해졌다는 조건에서만 생기는 것이 아니다. 노인을 둘러싼 사회적 관계들에 의해 노인 인권 문제가 더 많이 규정된다는 것이 '왜 그리고 어떻게 보고 말하려는가'의 출발점이 아닐까.

— 2012년 7월 18일에 씀

© 연합

✦ 노인의 인권 상황에 관한 유엔 인권 최고대표 보고서

배경

고령화는 21세기의 가장 중요한 인구 변화 중 하나다. 역사상 처음으로 인류는 세상에서 아이가 노인보다 더 적은 순간에 도달할 것이다. 지구상에 약 7억의 인구 또는 세계 인구의 10%가 60세를 넘었다. 2050년까지는 두 배가 되어 20% 또는 20억의 사람이 60세 이상 노인일 것이다. … 이런 수치만으로도 노인에 대한 집중적 관심이 필요하다는 강력한 이유가 된다.

노인이 처한 인권 상황을 검토해 볼 때 그 영향력은 확대된다. 노인의 인권은 국가 및 국제적인 법률과 정책 입안에서 흔히 눈에 띄지 않는다. 이런 중요한 인구 변화를 노인에 대한 차별과 폭력 방지 캠페인이나 서비스와 편의 시설에 대한 적절한 접근 보장을 위한 프로그램으로 만든 정부는 거의 없다. 방임, 고립, 학대에 노인이 아주 취약하다는 광범위한 합의에도 불구하고, 노인의 인권 상황은 국제적 차원에서 거의 반향이 없었다. 기껏해야 한 줌에 불과한 국제 인권 장치가 관심을 기울여 왔을 뿐이고, 정부와 이해당사자에게 제공된 지침과 구체적인 도구도 거의 개발되지 않았다. 더욱 걱정스러운 것은, 노인이 인권 침해에 직면한 집단으로 목록에 올라 있고 분명하게 정의된 보호가 필요한데도 효과적인 구제책과 보장책이 드물다는 것이다.

국제 사회가 노인을 인권의 관점에서 다루기 시작한 것은 겨우 최근 들어서다. 2010년 12월, 유엔 총회는 노인의 인권을 강화할 목적으로 고령화에 관한 개방형 실무 집단을 만들었다. … 마찬가지로 일부 지역에서도 대응이 나타났다. 인권과 인민의 권리에 관한 아프리카 위원회가 노인과 장애인에 관한 실무 집단을 만들었고, 2012년에 다룰 아프리카 헌장에 대한 선택 의정서를 기초하는 데 상당한 진전을 봤다. 아메리카 기구도 최근에 노인의 인권에 관한 협약의 초안을 준비하고 있다. 유럽의회도 비슷한 초안에 착수했다.

2011년 유엔 사무총장의 제2차 고령화에 관한 세계총회 후속 보고서는 처음으로 노인의 현재 인권 상황 전반에 초점을 뒀다. 이 보고서는 4가지 주요 사안인 빈곤과 부적절한 생활 조건, 나이와 관련된 차별, 폭력과 학대, 특별한 조치·장치 및 서비스의 부족을 강조했다. 이런 다양한 사안 중에서도 사무총장이 강조한 점은 빈곤과 부적절한 생활 조건이다. 즉 홈리스 상태, 영양 부족, 돌보는 이 없는 만성질환, 안전한 물과 위생에 대한 접근의 결여, 감당할 수 없는 의약품과 치료, 소득 불안 등을 노인에게 가장 압박을 가하는 인권 문제로 봤다. 사무총장의 보고서가 주목한 바는 남성과 여성, 도시와 농촌 인구, 교외 거주지와 빈민 지역 간의 격차를 포함하여 노인 집단의 생활 수준이 타 인구 집단과 비교할 때 상대적으로 더 낮다는 점이다.

인권을 지향할 때 나이는 단순히 숫자를 가리키는 것이 아니라, 관습, 관행 및 사회에서의 사람의 역할에 대한 인식에 기초하여 사회적으로 구성되는 것이다. 기대수명의 엄청난 증가에 직면하여 많은 사회는, 사람이 나이 들면서 할 수 있는 중요한 기여에 대한 사회의 이해를 아직 재조정하지 못했다. 60, 70 혹은 80대인 사람의 삶의 질과 사회적 역할은 다양한 법적·사회적 개념의 기초를 이루는 표시에 따라 상당히 다를 수 있다. 가령 의무적인 은퇴 연령, 생산적 자원 또는 보험 접근의 나이 제한, 자기 권리를 행사할 수 있는 법적 능력 등이다. 이런 맥락에서 질병, 위험 또는 의존성을 대신하는 말로 더 이상 나이만을 사용할 수는 없다.

노인을 정의하기가 복잡한 것은 부분적으로 이런 요인들 때문이다. 고령의 특수한 취약성은 신체적 정신적 상태의 결과일 수도 있고, 고령화에서 오는 손상의 결과일 수도 있다. 마찬가지로 사회적 인식이나 환경과의 상호작용에서 발생하는 어려움으로 인해서도 취약성이 생긴다. … 오늘날 노년의 존엄한 삶은 연대기적인 나이에 의해서보다는 모든 인권의 행사와 향유를 보장하기에 적합한 조치와 정책에 의해 더 많이 결정될 수 있다.

나이 차별

'나이주의' 또는 노령화에 따른 개인에 대한 차별과 낙인은 광범위하다. 나이주의는 때로는 편견과 부정적인 태도와 관행의 형태로 표현되고, 때로는 고용이나 법적 능력 등 법과 정책으로 표현된다. 흔히 나이주의는 고립과 배제의 원인으로, 노인은 비생산적이라고 간주된다. 이는 공적 사적 영역에서 폭력과 방임으로 연결된다. 또한, 나이 차별은 성, 장애, 건강 또는 사회경제적 조건, 거주지, 결혼 상태, 인종적 또는 종교적 배경 등 다른 종류의 차별에 의해 악화된다. … 나이 차별에 관한 논쟁은 가령 어떤 직업에서 일할 권리처럼 특정 권리의 행사에 대한 나이 제한 문제로 연결되기 마련이다. 인권에 대한 제한은 그것이 객관적이고 균형적일 때만 정당화될 수 있다고 일반적으로 수용된다. 따라서 나이에 기초한 일반적인 배제는 그런 제한과 수행돼야 할 일의 성격 사이에 분명한 연관성이 없다면 수용될 수 없다.

법적 능력과 법 앞에서의 동등한 인정

전통적으로는 후견인과 대리인에 의한 의사결정이 고려돼 왔다. 하지만 의사결정을 지원하는 것으로 패러다임이 바뀌었다. 이것은 장애인 권리 협약 12조에 의한 것으로, 이 개념은 개인의 자율성과 독립성을 중심에 두었다. 이 조항을 만들게 된 논쟁과 그에 따른 적용은 노인의 법 앞 평등에도 확대될 수 있고 특수한 상황에 따라 더 정교화돼야 한다.

많은 노인의 증언이 반복적으로 주목하는 점은, 수십 년에 걸친 독립적인 일, 생산적인 삶과 자율성에 대한 정당한 고려 없이 자신이 무능하게 취급된다는 것이다. 걷거나 말할 수 없거나 빨리 반응하지 않는다고 자신들을 "아이처럼 다룬다."라는 것이다. 학대를 방지할 수 있는 효과적인 방어책을 포함하여 노인이 자신의 법적 능력을 행사할 수 있도록 지원을 보장하기 위한 조치가 채택돼야만 한다.

장기간 돌봄

기관에서 받든 집에서 받든 장기간 돌봄과 관련하여 상당히 중대한 인권 문제가 대두한다. 장기간 돌봄 영역에 대한 개입은 전통적으로 복지, 사회 보장 및 보건 체계의 조합 속에 정초돼 왔고 자원봉사자와 친척 또는 책임성이 덜한 자선 부문과 사적 부문의 대응에 과도하게 의존해 왔다. 흔히 장기간 보호가 분산되면서, 중앙 정부와 지역 정부 사이에서 정부 부문의 책임성은 희석될 수 있다. 증대되는 돌봄 요구에 부응한 노력에도 불구하고, 통계를 보면 돌봄 기관, 적절한 모니터링 절차, 훈련된 요원(사회복지사, 간호사, 노인의학 및 보건 전문가 등)의 부족, 서비스의 부적절한 조건이 지적된다.

폭력과 학대

지구적인 노인 학대 방지에 관한 토론토 선언은 노인 학대를 "노인에게 해를 끼치거나 고통받게 하는 것으로, 신뢰의 기대가 있는 곳의 어떤 관계 내에서 발생하는 한 번의 또는 반복적인 행위, 또는 적절한 행위의 결여"라고 정의한다. 차별과 마찬가지로, 노인 학대는 흔히 숨겨진 현상이다. 가장 심각한 학대 사례는 물리적 폭력이며, 노인은 또한 재정적인 착취에도 직면한다.

사회적 보호와 사회 보장에 대한 권리

ILO에 따르면 세계 인구의 80%가 어떠한 종류의 사회 보장에도 접근할 수 없으며 그중 상당수는 노인이다. 이런 발견에 자극받은 상당수 유엔 기구들은 '사회적 보호의 최저선social protection floor'으로 알려진 정책 구상의 틀을 만들었다. '사회적 보호의 최저선'은 기본적인 노령 및 장애 연금과 필수적인 보건 서비스에 대한 보편적인 접근을 통해, 기본적인 소득

안전의 보장을 국가적 우선순위로 정해 두려는 시도다. 이 정책은 모든 사람에게 최소한의 소득 수준과 기본적인 사회 서비스에 대한 접근을 보장하라고 요구한다.

건강권과 생의 마감에 대한 돌봄

건강과 생의 마감에 대한 돌봄의 상황에서 존엄성과 인권 존중은 노인 복지의 핵심이다. 과도한 고통(욕창 등)의 경감 또는 방지를 보장하는 것, 그리고 죽어 가는 사람과 그의 가족과 사랑하는 이들에게 정서적 지원을 제공하기 위한 안내가 필수적이다.

노인은 치료, 서비스, 돌봄을 선택할 때 사전에 고지된 정보를 통해 자신이 자유롭게 동의할 충분한 정보와 시간과 기회를 제공받지 못하는 일이 흔하다. 때로 수년 전에 서면으로 생의 마감 치료와 돌봄을 특별히 당부해 놓았는데도 그런 결정이 무시될 수도 있다. 건강권에 관한 유엔특별보고관은 돌봄 제공자가 노인의 동의를 보장할 때 중대할 역할을 한다는 점과 노인과의 의사소통과 관련한 훈련이 부족하다고 언급한 바 있다.

노령과 장애

노령화는 장애 그 자체와 동일시될 수 없지만, 노령은 장애를 초래할 수 있다. 노령과 장애는 분리되거나 또는 결합되어 일련의 인권 침해에 대한 취약성을 만들 수 있다.

투옥 중인 노인과 사법 정의에 대한 접근

감옥에 있는 노인 인구가 늘어나는 것은 새로운 종류의 도전이다. 안전하고 적절한 구금 조건이 요구되는 것과 아울러 또 다른 문제는 노인을 계속 구금하는 것이 부적절하게 가혹한 처벌은 아닌지, 인도주의적 고려가 일정 연령의 수인에게 적용돼야만 하는지다. 처벌의 목적을 고려할 때, 노령 수인의 지속적인 감옥 수용에는 정당성이 적을 수 있다. 대신 재정과 수행성 및 인권을 고려하여 대안적인 형태의 처벌이 더 나을 수도 있다.

감옥 체제를 넘어서 더 광범위한 사법 체계에 대해 접근해야 한다. 노인의 법적 권리, 법적 지원, 효과적인 구제책의 가용성 증대에 의한 인식의 강화가 요구된다. 노인은 흔히 학대자에게 의존하기에, 사실을 드러냈을 때 돌아올 반향에 대한 걱정, 신뢰할 만한 장치를 잘 모르거나 지원이 없는 것에 대한 분노로 폭력이나 학대를 보고하기 꺼려한다. 필요한 보호에 접근하려면, 정부가 나이에 민감한 법과 정책의 개발을 보장하는 것이 필수적이다.

결론과 권고

노인은 대규모로 늘어나는 인구 부문을 대표하며 노인의 존재는 세계 전 지역에서 사회 구조의 주요 변화 요소다. 나이에 따른 특유한 인권의 도전에 직면한 권리 보유자로서 노인은 더 이상 무시될 수 없다. 국가 및 국제적 차원에서 노인의 인권을 보호하기 위한 현재의 준비는 부적절하다. 노인을 위한 국제적 보호 체제를 강화하기 위한 집중된 조치는 더 이상 미룰 수 없는 요구다.

— Report of the UN High Commissioner for Human Rights,

유엔문서번호 E/2012/51(2012.4.20.)

한 사람을 해치는 일은 모두를 해친다

+ 산업안전보건 서울 선언

1988년 7월 2일 새벽
서울 여의도 성모병원에서 한 청년이 사망했다.
그는 중학교 졸업을 앞둔 1987년 12월 5일부터
1988년 2월 7일까지 한 온도계 공장에서 근무하다 병가를 냈다.
1988년 3월 24일, 그는 수은 중독과 신나 중독 추정 진단을 받았다.
그의 죽음으로 노동 재해와 노동 환경 문제가 대한민국에 전면 등장했다.

웰빙이다, 올바른 식습관이다, 유산소 운동이다 해서 건강 관련 기사가 넘쳐난다. 하지만 온종일 시간을 보내고 온몸과 마음을 지배하는 노동 환경과 사회 환경이 건강하지 못하면, 혼자서 아무리 좋은 것 찾아 먹고, 걷고 뛰고, 마음 수련을 한들 그리 대단한 효과가 있을 것 같지는 않다.

인터넷에 뜨는 무수한 자극적인 기사 제목들을 클릭하지만 일부러 안 보는 뉴스가 있다. 대표적인 것이 "어느 공사장에서 인부가 떨어져 숨졌다." "작업 중 화재로 이주 노동자들이 집단으로 사망했다." 등의 노동 재해 기사다. '또 어떤 집의 가장이, 어떤 집의 귀한 자식이 사고를 당했을까.' 안 봐도 구구절절할 사연이기에 애써 외면하게 된다. 내 맘 아프고 상한다는 이유로 말이다. 이번에도 용광로에 떨어져 한 청년이 사망했다는 기사를 애써 외면했다. 제목만 보고 "아휴, 또……" 하지 않을 수 없었다. 그런 외면은 며칠 가지 못했다. 죽은 청년을 애도하는 어떤 이의 시 때문이다. 많은 분이 이미 읽어 보았겠지만, 혹시 몰라 한 번 더 인용해 본다.

광온狂溫에 청년이 사그라졌다.
그 쇳물은 쓰지 마라.

자동차를 만들지도 말 것이며
철근도 만들지 말 것이며
가로등도 만들지 말 것이며
못을 만들지도 말 것이며
바늘도 만들지 마라.

모두 한이고 눈물인데 어떻게 쓰나?
그 쇳물 쓰지 말고

맘씨 좋은 조각가 불러
살았을 적 얼굴 흙으로 빚고
쇳물 부어 빗물에 식거든
정성으로 다듬어

정문 앞에 세워 주게.

가끔 엄마 찾아와
내 새끼 얼굴 한번 만져 보자, 하게.

이 시를 읽고 나서, 외면했던 기사를 찾아 읽어 볼 수밖에 없었다. 이름도 없이 김 아무개씨인 29세 청년이 새벽 2시에 일하다 뜨거운 용광로에 빠져 죽었다는 냉정한 단신 기사였다. '왜' '어떻게' 그리 되었는지, 어떤 책임을 누가 소홀히 했는지 언급은 없었다.

기사를 읽다 보니 절로 떠오르는 이름이 있었다. 노동 재해에 대한 인식을 한국 사회에 가져다준 故문송면. 1988년 사망 당시 15살이었다. 그의 추모비에는 송경동 시인의 시가 담겨 있다.

1987년
열넷 가난한 농꾼의 아들로
서울 공장에 팔려와
당신 몸에 심어진 것은
소년 노동 철폐와 산재 추방의 꿈이었다.

열다섯 당신은 죽지 않았다.
당신은 수은보다 더 오래
이윤보다 더 오래 살아남아
오늘도 평등 세상을 꿈꾸는 모든 이들의

순박한 거처가 되고 있다.

우리의 출발이며
우리의 끝일 당신과 함께
우리는 오늘도 바라나니
해밝고 강인한 꿈들이여 부활하라.

— 문송면 20주기 추모비에 쓴 시

15살의 문송면이 왜 죽었고 책임자들은 어찌 처신했는지는 1988년 당시에 나온 대한변협 인권보고서를 옮겨 본다.

"협성기공은 온도계 및 압력계를 만드는 회사로서 생산직 노동자들은 주로 지방 출신 15, 16세의 야간부 학생들이다. 문송면 군은 1987년 12월경부터 협성기공에서 신나를 사용하여 압력계 카바를 닦는 작업과 온도계에 수은을 주입하는 작업을 하였다. 작업 환경은 공간이 너무 좁고 환기 시설이 거의 되어 있지 않았으며, 수은 주입 시 수은은 증기로 새어나오고 일부는 액체 상태로 바닥에 깔려 있었다고 한다. 이 사업장은 노동부에서 작업 환경을 개선하라는 행정 명령까지 받았던 것으로 알려졌다. 문송면 군은 1988년 1월 말부터 이상한 증세가 나타나 여러 병원에서 검사를 하였으나 병명을 알 수 없었다. 3월 9일 서울대학병원에 입원하여 검사를 실시한 결과 3월 24일 수은 중독 및 유기용제 중독으로 진단되었다. 이에 가족들은 산재 처리를 위해 필요한 서류를 준비하고 산재 요양 신청서 중 회사 서명

란에 날인을 받기 위해 회사에 찾아갔다. 그러나 가족의 몇 차례 방문과 간곡한 호소에도 불구하고… '이 회사에서 그랬다는 증명을 대라.' '법대로 할 테면 해 봐라.'라는 등의 말을 해 대며 날인을 거부했다. … 노동부에서는 진정서만 접수시키고 산재 요양 신청서는 … 반려시켰다. … 문송면 군은 6월 29일 여의도 성모병원 직업병과로 옮겼으나, 7월 2일 결국 사망했다. 가족들은 '노동부와 회사 측이 송면이를 살해한 것이나 마찬가지다.'라며 울분을 참지 못했다."

1988년 문송면의 죽음에 억장이 무너진 사람들의 마음은 2010년 용광로 청년의 죽음에 슬픔을 느끼는 사람들의 마음과 다를 바 없었다. 1988년의 슬픔은 한국에서 산재 추방 운동의 시작이 되었다. 2010년의 슬픔은 또 다른 시작이 될 것이다. 애도 속에서 기억하고 타인의 존재가 내 속에 들어와 있기에 슬픔을 느끼는 가장 인간적인 행위 속에, 인권 실천의 출발점이 있을 테니 말이다. 노동자의 죽음 또는 심각한 부상과 질병, 기업의 발뺌, 정부의 무대응의 고리를 깨기 위해 기억과 애도는 꺼뜨리지 말아야 할 불씨일 테다.

세계의 노동 단체들이 보고하는 최신 정보에 따르면, 세계적으로 해마다 36만 건의 치명적인 노동 재해가 발생하고, 약 200만 건의 치명적인 직업병이 발생한다. 하루하루 96만여 명의 노동자가 사고로 다치고, 직업병으로 평균 5330명의 노동자가 매일 사망하고 있다. 세계 여러 나라에서는 '산재 노동자를 기억하는 날'을 두고 있다. 기억과 애도의 촛불을 밝히고 현황과 대책을 점검하기 위해서다. 이런 선례를 따라 1996년부터 유엔에서도 4월 28일을 산재 노동자의 날로 기념하고 있다. 단지 기념일을 하나 더 만들겠다는 것이 아니라, 이를 계기로 노동 재해 때문에 목숨을 잃거나 건강을 해치는 노동자를 기억하고, 산재에 대한 경각심을 높이고, 산업안전과 건강에 대한 변화와 진전을 일궈 내자는 의미에서다.

'산재 노동자를 기억하는 날'에 대한 홍보물들을 찾아 읽어 보았다. "현행 생산 체제가 조직되는 방식은 흔히 노동자들에게 고도의 생산성에 대한 압력을 가한다. 그런데 보호는 약하고 직업 안정성은 취약한 가운데서 이런 압력을 받기 때문에, 생명과 안전을 임금 때문에 무릅써야 한다. 그래서 산재를 '안 보이는 문제'로부터 '보이는 문제'로 만드는 것이 일차적 과제고, 산재 문제를 개인적 문제가 아닌 집단적 해결로 다뤄야 한다. 즉 노동 조건에 의해 야기된 건강 문제로 논의해야지, 일하다가 다치거나 병드는 문제를 단지 개인적인 문제로 삼아서는 안 된다."라고 지적하고 있다. "한 사람을 해치는 것은 모두를 해친다."라는 경고와 함께 말이다.

그런데 이런 홍보물들이 하나같이 인용하고 있는 것에 '서울'의 이름이 보였다. '서울'이 왜 여기에 등장할까 하여 찾아보니, 바로 오늘 읽어 볼 '산업안전보건 서울 선언' 때문이었다. 이것은 2008년 국제노동기구, 국제사회보장협회ISSA, 한국산업안전보건공단KOSHA이 서울에서 개최한 '세계 산업안전보건 대회'에서 결의한 선언이다. 당시 언론들은 '안전 올림픽'이 서울에서 열렸다고 치장했고, 안전보건에 관한 최초의 국제 헌장이라고 서울 선언을 홍보했다. 기업인 단체 등 각종 경제 단체 등이 이 선언을 홈페이지에 퍼 나르고 있었다. 그 후 선언의 채택을 기념하기도 했고, 후속 회의가 열려 서울 선언을 어떻게 실행할 지 방안을 논의하고 있다고도 했다.

"안전하고 쾌적한 작업 환경에서 일할 권리는 노동자의 기본적 인권"이라는 이 선언을 그냥 지킬 것 같지는 않기에, 산업안전보건마저도 생산성의 이름으로 싸안아 버릴지 모르기에, 우리에게는 더 많은 애도와 기억과 실천이 요구되는 것이다.

— 2010년 9월 16일에 씀

✛ 산업안전보건 서울 선언

2008년 6월 29일 국제노동기구ILO, 국제사회보장협회ISSA, 한국산업안전보건공단KOSHA이 대한민국 서울에서 공동으로 개최한 제18회 세계산업안전보건 대회를 계기로 고위 산업안전보건 전문가, 사업주 및 노동자 대표, 사회 보장 기구 대표, 정책 결정자 및 정부 대표가 한자리에 모인안전보건 대표자 회의에서 전 세계 산업안전보건의 현재 상황을 다음과같이 인식하였다.

전 세계에서 직업과 관련된 재해와 질병으로 연간 230여만 명이 사망하고, 이로 인한 경제적 손실이 세계 총생산의 4%에 이르는 심각한 상황이다.

산업안전보건을 개선하면 작업 조건, 생산성, 경제와 사회에 긍정적인영향을 끼친다.

안전하고 쾌적한 작업 환경에서 일할 권리는 노동자의 기본적인 인권이며, 세계화는 반드시 노동자의 안전보건을 보장하기 위한 예방 대책과같이 진행된다.

...

산업안전보건 증진, 노동 재해와 직업병 예방은 ILO 설립 목적과 양질의 일자리 창출 계획Decent Work Agenda에서 가장 중요하다. 노동 재해의 위험성을 예방하고 노동자의 건강을 증진하는 것이 ISSA의 사명이며, 적극적 사회 보장의 개념적 체제에서 가장 중요하다.

...

우리 모두는 다음과 같이 선언한다.

1. 산업안전보건을 높은 수준으로 향상시키는 것은 사회 각 주체의 책임이며, 모든 사회 구성원은 산업안전보건이 국가 계획에 우선 반영되도록 하고, 안전보건 예방 문화를 형성하고 유지함으로써 이 목적을 달성하는 데 기여한다.

2. 국가의 안전보건 예방 문화는 안전하고 쾌적한 작업 환경에서 일할 권리를 모든 수준에서 존중하는 것이며, 정부, 사업주, 노동자는 명확한 권리, 책임과 의무를 다하여 안전하고 쾌적한 작업 환경을 확보하는 데 적극 동참하며, 예방의 원칙을 최우선시하는 문화를 조성한다.

3. ILO 산업안전보건 협약(1981년) 제155호 제2절의 규정을 감안하여 국가 정책을 수립하는 등 산업안전보건 경영 시스템의 체계적인 접근 방법으로 산업안전보건의 개선을 장려한다.

4. 정부는 다음과 같이 선언한다.

· ILO 산업안전보건 증진 체제에 관한 협약(2006년) 제187호와 산업안전보건 관련 협약을 우선 비준할 수 있도록 노력하고, 해당 협약을 이행하여 국가의 산업안전보건 수행 성과를 체계적으로 증진토록 한다.

· 국가 안전보건 예방 문화를 조성하고 향상하기 위해서 지속적으로 노력한다.

· 강력하고 효과적인 근로 감독 제도 등 적절한 안전보건 기준을 집행함으로써 노동자의 산업안전보건을 보장한다.

5. 사업주는 다음과 같이 선언한다.

· 높은 수준의 산업안전보건 기준은 기업의 우수한 사업 실적과 불가

분의 관계에 있으므로, 경영 활동에 재해 예방을 통합하여 운영한다.

· 사업장 안전보건을 효과적으로 개선하기 위하여 산업안전보건 경영 시스템을 구축한다.

· 노동자 및 노동자 대표에게 산업안전보건과 관련되는 모든 조치에 대하여 조언, 훈련, 정보를 제공하고, 노동자 및 노동자 대표가 이에 참여하도록 한다.

6. 노동자는 다음과 같이 선언한다.

· 안전하고 쾌적한 작업 환경에 대한 노동자의 권리를 보장할 때, 안전보건과 관련된 사항에 대하여 조언을 받는다.

· 개인 보호구 사용 등 안전보건 수칙과 절차를 준수한다.

· 안전보건 교육을 이수하고 안전보건 의식을 고취하는 활동에 참여한다.

· 사업장 안전보건에 관한 대책을 사업주와 협의한다.

— Seoul Declaration on Safety and Health at Work(2008)

· 노동은 상품이 아니다

  두 명의 쌍용차 해고 노동자가 굴뚝에 오른 지 40일이 넘었다. 스타케미컬 노동자의 굴뚝 생활은 무려 240일이 넘었다. 다행히 쌍용차에서는 교섭이 시작된다는 소식이 들려 가슴을 쓸어내린다. 하지만 또 다른 굴뚝이 도처에 있다. 연일 터지는 노동자에 대한 모욕과 멸시의 사건, 추락하고 깔리고 폭발하는 노동자의 생명과 안전, 실업의 우울과 불안, 다가올 실업의 공포가 도처의 굴뚝이다.

  이전에도 노동자들은 송전탑이며 광고탑이며, 극한 곳으로 수시로 올라갔다. 어느 날 한 친구가 말했다.

  "이전에는 지나가면서 송전탑을 의식한 일이 없어. 근데 지금은 사람이 살고 있는 것 같아 올려다보게 돼."

  그렇다. 사람이 둥지 틀 수 없는 곳으로 내몰리고 있다. 날이 궂거나 바람이 불면 가슴이 답답하고 조마조마하다. 영어로 '염려, 고통, 분노'를 뜻하는 말은 모두 같은 어원을 갖는데 그게 또한 협심증의 어원이란 말이 실감난다.

  그런데 이렇듯 가슴이 죄이는 게 꼭 송전탑이나 굴뚝처럼 극단적인 곳을 볼 때만이 아니다. 예외가 아닌 일상이 문제다. '슈퍼 갑질'이 아니고는 문제시조차 되지 않는 일상 속의 존엄성 유린은 자각 증세가 없는 만성질병 같다. 특히 노동하는 사람을 멸시하는 일이 어느 때부터인가 일상적이고 공공연한 일이 되었다. 경제사회적 양극화는 정당한 자존감과 자부심 대신 비뚤어진 우월감과 열등감이 판을 치게 한다. 우리에게는 존중하고 존중받는 일이 필요한데, "존중? 그건 어디서 파는 거예요? 얼마에 살 수 있어요?" 식의 엉뚱한 접근이 도처에 퍼져 있다.

  현대 인권의 초석은 '인간 존엄성'이다. 인간 존엄성은 개인의 업적이나 성취에 따른 것이 아니라, 타협 불가능한 원칙이라는 이야기다. 이 존엄성은 단지 '인간임'으로 해서 누구나 갖는 것이라는 이야기다. 이 존엄성은 인간의 평등성에 기반을 둔 것으로 자연적·세습적인 위계와 귀족주의·엘리트주의 이데올로기라 할 것을 모두 거부한다. 모든 인간의 존엄한 가치는 비교하여 따지거나 경쟁으로 획득하는 상대적 가치가 아니라, 한 사람 한 사람의 고유한 절대적 가치다. 인권의 핵심 가치인 '자유, 평등, 우애(연대)'는 이런 인간 존엄성에서 나온다. 자유란 '소비의 자유'가 아니라 위계적 제도가 양산해 낸 '사회적 차별에 저항하는 정신'을 말하고, 우애(연대)는 공동체적 삶에 관심을 갖고

참여하는 사회적 관계의 질을 말한다. 평등은 이런 자유와 연대를 위한 전제 조건이다.

인간 존엄성을 존중한다는 것은 인간 사회의 제반 활동에서 인간 존엄성을 척도로 삼는다는 뜻이다. 인간을 한낱 자원이나 교체 가능한 부품처럼 다룰 때, 그것을 거부하고 저항하는 것이 바로 인간 존엄성을 존중하는 것이다. 인간 존엄성의 원칙은 국제 인권법과 헌법 등 법질서 전체에 적용될 뿐 아니라, 인간이 만들고 행하는 제도나 정책 등 모든 것에 해당한다. 이러한 '인간 존엄성'을 정초한 대표 문서로 흔히 '세계인권선언'을 꼽는다. 물론 맞는 말이다. 그런데 세계인권선언(1948)보다 한발 앞선 존엄성의 전령이 있었다. ILO의 목적을 담은 필라델피아 선언(1944)이다.

ILO는 일찍이 1919년의 창립 헌장에서 "항구적인 평화는 사회적 정의의 기초 위에서만 가능하다."라고 밝혔다. 하지만 인류는 그런 정의를 추구하는 데 실패했고 또 한 번의 세계대전으로 치달았다. 인간을 사물처럼 취급하고 경제성장의 수단으로만 대하는 질서가 계속되는 한 전쟁은 언제나 일어난다는 것이 "경험적으로 완전히 증명되었다." ILO는 전후의 삶과 국제질서를 이끌어 갈 원칙을 재확인해야 했다. 그 재다짐의 내용은 인간 존엄성을 모든 것의 정초 원리로 삼는다는 것이었다. 그 실현은 시장의 횡포를 사회 정의에 무릎 꿇도록 만드는 제반 조치를 취하는 것이었다. 그렇게 재확인·재천명한 원칙을 담은 것이 바로 'ILO의 목적에 관한 필라델피아 선언'이다. 필라델피아에 모여 만들었기에 그 도시의 이름을 땄는데, 그 도시의 이름이 '우애'를 뜻한다니 우연치고는 반가운 것이다. 우리가 형제애와 자매애, 즉 우애의 정신으로 서로를 대하는 것이 모든 것의 출발점임을 이름 자체가 깨우쳐 주기 때문이다.

"노동은 상품이 아니다." 필라델피아 선언의 으뜸 원칙이다. 인간을 존엄하게 대한다는 게 한마디로 뭐겠는가? 사람을 사물 취급해서는 안 된다는 것이다. 무엇보다도 노동자를 '인력'이 아니라 '인간'으로, 노동력의 거래를 다른 물건처럼 '사고파는' 문제가 아니라 '사람과 사람의 관계'로 봐야 한다는 것이다. 또한, 노동자는 인력으로서 경제적 보상만 받으면 되는 존재가 아니라 물질적으로나 정신적으로나 존중받아야 하는 인간이다.

물질적 존중은 그때그때 일한 만큼의 대가가 아니라 인간다운 생활의 안정과 지속을 위한 생활의 보장으로 실현돼야 한다. 정신적 존중은 구성원으로서의 자존감, 소속감, 연대감을 가질 수 있는 환경의 보장이다. 자신의 일에서 통제력과 재량을 발휘할 수 있고, 동료와 안정적인 관계를 맺을 수 있고, 노동자 개인과 조직의 목소리와 행동으로 더 넓은 사회와의 연대감을 발휘할 수 있어야 한다.

물건과 달리 인간은 말을 하고 저항한다. 노동자의 물질적·정신적 권리의 충족은 결과적으로 '그냥 주어지면' 되는 것이 아니라 노동자의 참여 속에서 추구할 권리다. 단순한 혜택과 권리로서의 보장은 다르다. 권리로서 향유하려면 노동자의 개인적 집단적 자유가 중요하다. 따라서 "표현의 자유와 결사의 자유는 … 필수불가결한 조건"이다. 필라델피아 선언은 이런 내용들을 '사회 정의'의 구체적 내용으로 규정했다. 이런 사회 정의의 추구가 목적이라면 경제는 그것의 실현을 위한 수단에 불과하다. 이 선언을 유념한다면, 목적과 수단의 뒤집힘을 지적하고 경계하는 것이 실천 과제다.

오늘도 우리는 도처에서 벌어지는 노동자의 저항과 고난을 본다. 우리의 눈은 목적과 수단의 전도에 착시 현상을 일으켜서는 안 된다. 사회 정의를 굴뚝 삼아야 한다. 시장 우위의 폭력성과 인간 존엄성 유린의 연기를 빼내야 한다. 그 연기에 눈물 콧물 쏟고 있는 노동자들의 말에 귀 기울여야 한다. "왜 극한투쟁을 하느냐?" "그것밖에 방법이 없느냐?"라는 말은 안 듣겠다는 말의 다른 표현일 뿐이다. 무릎 꿇려야 할 것은 사람이 아니라 폭력적인 구조다.

마틴 루터 킹 목사 역시 "왜 말로 하지 않고 극한투쟁을 하느냐?"라는 공격을 자주 받았다. 그때마다 킹 목사는 "협상이야말로 우리의 행동이 원하는 궁극 목표"라고 답했다. "비폭력 직접행동은 위기와 긴장감을 조장해, 협상을 거부하는 사회를 곤경에 빠뜨리고 더 이상 협상에 응하지 않을 수 없게 만드는 데 그 의의가 있다. 즉 사회의 쟁점들을 본격적으로 부각시켜 더 이상 흐지부지되지 않도록 하는 것이 바로 우리의 직접행동이 추구하는 바다"

6년여가 되어서야 가능해진 쌍용차의 노사 협상이 자랑스러우면서도 서럽다. 숱한 노동자의 직접행동이 만든 결과여서 기쁘지만, 노동자는 '말'에 낄 수 없는 존재, 대화와 협상의 주체로 여기지 않는 사회의 잔인함에 입은 상처들 때문이다. 더 많은 노동자의 말이 말로서 존중돼야 하며 정책과 조치의 잣대가 돼야 한다. 오늘도 숱한 노동자가 온몸으로 말을 걸고 있다. 나는 처분가능한 대상이 아니라 인간이라고, 나의 노동은 상품이 아니라 당신과의 관계라고 말이다.

— 2015년 1월 22일에 씀

ILO의 목적에 관한 필라델피아 선언

ILO 총회는 필라델피아의 제26차 회기에서, 1944년 5월 10일, ILO의 목적에 관한 이 선언과 회원국의 정책 기조가 되어야 할 원칙들을 채택한다.

I
총회는 ILO가 근거하고 있는 기본 원칙, 특히 다음 원칙을 재천명한다.
a) 노동은 상품이 아니다.
b) 표현의 자유와 결사의 자유는 부단한 진보를 위해 꼭 필요하다.
c) 어느 한 곳이라도 빈곤하면 전체가 번영할 수는 없다.
d) 결핍과의 투쟁은 각국에서 불굴의 의지로, 그리고 노동자 대표와 고용주 대표가 정부 대표와 동등한 지위에서 공동선의 증진을 위한 자유로운 토론과 민주적인 결정에 참여하는 지속적이고도 협조적인 국제적 노력으로 수행돼야 한다.

II
총회는, 항구적 평화는 사회 정의에 기초해서만 가능하다는 ILO 헌장 속 선언의 정당성이 경험적으로 완전히 증명되었다고 확신하며, 다음을 확언한다.
a) 모든 인간은 인종, 종교 또는 성별과 상관없이 자유와 존엄, 경제적 안전 속에서 그리고 평등한 기회 속에서 자신의 물질적 복지와 정신적 발전 둘 다를 추구할 권리를 갖는다.
b) 이를 가능케 할 조건의 실현은 모든 국내 및 국제 정책의 핵심 목적이 돼야만 한다.
c) 모든 국내 및 국제적 정책과 조치, 특히 경제·금융 영역에서의 그것들은 이런 관점에서 판단돼야만 하며, 이 근본 목적을 달성하는 데 방해가 아니라 도움이 되는지 여부에 따라서만 채택돼야 한다.
d) 이 근본 목적의 견지에서 모든 국제적인 경제·금융 정책과 조치를 검토하고 심의하는 것은 ILO의 책무다.
e) ILO는 임무를 수행하면서, 관련된 경제·금융 요소 일체를 고려한 뒤 적절하다고 판단하는 모든 규정을 결정과 권고 속에 포함시킬 수 있다.

III

총회는 다음 사항들을 실현하기 위한 프로그램이 전 세계 국가에서 촉진되도록 하는 것이 ILO의 엄숙한 의무임을 인정한다.

a) 완전 고용과 생활 수준의 향상.

b) 노동자가 최대한의 기술과 조예를 발휘하고 공동선에 최대한 기여하는 만족을 가질 일자리에 고용되도록 할 것.

c) 이 목적의 성취를 모든 관련자에 대한 적절한 보장을 통해 달성하기 위하여, 고용과 거주를 위한 이주를 포함하여, 직업 훈련과 노동자의 이동을 원조하기 위한 시설의 제공.

d) 임금과 소득, 노동 시간과 기타의 노동 조건과 관련하여, 모두가 진보의 과실을 정당하게 공유할 수 있도록 보장하고 모든 고용 노동자와 그런 보호가 필요한 모든 이에게 최저 생활 임금을 보장하는 정책.

e) 단체 교섭권의 실질적인 인정, 생산 효율성의 지속적인 향상에서의 관리자와 노동자의 협동, 그리고 사회적 정치적 조치의 마련과 적용에서의 노사 협력.

f) 사회적 보호와 충분한 의료가 필요한 모든 사람에게 기본 소득을 제공하기 위한 사회 보장 조치의 확대.

모든 직업에서 노동자의 삶과 건강을 위한 적절한 보호.

아동 복지와 모성 보호의 제공.

적절한 영양, 주거, 여가와 문화 시설의 제공.

교육과 직업 기회의 평등성 보장.

(IV, V 생략)

— ILO Declaration of Philadelpia,

Declaration concerning the aims and purposes of ILO(1944)

8

August

휴가철, 사람들이 제 집과 일터를 비우고
어디론가 며칠씩 사라지거나
제 처소에 틀어박힌다.

이도 저도 아닌 사람에게는 집도 휴가도 없다.
이도 저도 아닌 사람에게 도시는
'자유'가 아닌 '출입 금지' 장소다.

자기 처소에 대한 권리,
그리고 장소에 대한 권리가
뜨거운 태양 아래 몸 둘 바를 모른다.

집 없이 무일푼으로 죽다

+ 그루트붐 추모 강연

2008년 8월, 남아프리카공화국에서 한 영혼이 세상을 떠났다.
아이린 그루트붐, 집 없는 이였다.
그녀는 "사람은 헌법상 보장된 주거권을 가지며,
국가가 취약 계층의 주거권에 충분한 주의를 기울이지 않은 것은
헌법상 국가의 의무 위반"이라는 '그루트붐 판례'를 남겼다.

2009년 1월 20일, 서울 한복판 용산에서 6명의 생명이 불길에 스러졌다. 잘못된 재개발을 바로잡아 달라고 외치던 철거민과 그를 진압하던 경찰이었다. 뉴스를 듣고 달려가 본 현장은 박살난 유리 가루와 매캐한 그을음으로 난장판이었다. 눈에 익은 골목이었다. 10여 년전 다니던 사무실 근처 시장 골목이라 찬거리며 군것질거리를 사러자주 드나들던 곳이었다. 사람이 살던 곳이었다. 사는 사람, 살고자 하는 사람을 함부로 내쫓는 법은 없다는 것이 주거권, 인권의 제일 원칙이다. 그 제일 원칙이 무너진 곳에서 사람은 살아갈 도리가 없다. 집잃고 가게 잃은 사람들은 영혼이 쉴 집도 얻기 힘들었다. 장례는 355

일 만에야 치러질 수 있었다. 그래서 올 1월은 용산 참사 2주기지만 장례를 치른 지는 1년이 되는 이상한 산수가 적용되는 때다.

용산 참사가 있기 몇 달 전인 2008년 8월, 지구 저쪽 편 남아프리카 공화국에서 먼저 떠난 영혼이 있었다. 아이린 그루트붐Irene Grootboom, 그녀 역시 집 없는 이였다. 모든 부고 기사가 마음 저미는 것이지만, "집 없이 무일푼으로 죽다."라는 제목이 붙은 그녀의 부고 기사는 더욱 시렸다.

그녀 자신은 무일푼이었을지 모르나, '그루트붐 판례'라는 큰 재산을 전 세계 이웃에게 남겼다. 그루트붐 판례란, 사람은 헌법상 보장된 주거권을 가지며, 국가가 취약 계층의 주거권에 충분한 주의를 기울이지 않은 것은 헌법상 국가의 의무 위반이라는 남아공 헌법재판소의 판결이다. 이 판결을 이끌어 낸 싸움에 앞장선 이가 그루트붐이었다. 그루트붐 판례는 강제 퇴거와 철거가 벌어지는 곳에서는 어김없이 인용되고, 이 사건에 대한 연구물은 경제사회적 인권의 핵심 주제를 차지하고 있다. 주거권의 전설, 주거권의 영웅이라는 호칭이 이런 연구물들의 제목으로 쓰인다.

남아공은 역사적으로 악명 높은 아파르트헤이트(인종차별 분리 정책) 하에서 잔인한 철거를 자행한 것으로 유명하다. 1994년 아파르트헤이트를 철폐한 후, 남아공은 "모든 사람에게 주거를"이라는 강령을 내걸고 주거권을 새겨 넣은 헌법을 만들었다. 하지만 상황은 별로 달라지지 않았다.

대표적인 예가 그루트붐이었다. 그루트붐을 비롯한 4000명의 주민은 월리스덴 공설 운동장의 끔찍한 환경에서 살고 있었다. 부분적으로 침수된 땅이었고, 수도도 하수구도 부족했고 쓰레기 수거도 거부됐다. 전체 가구의 5퍼센트만이 전기를 공급받았다. 주민 대부분은 아주 가난했고 1/4은 전혀 수입이 없었다. 이들은 비용이 저렴한 공공 임대 주택 단지에 입주하려고 대기자 명단에 이름을 올려놓았지만 7년의 기다림에도 입주하지 못했다. 결국 390여 명의 어른과 500여 어린이가 근처의 빈 사유지로 옮겨가 달동네를 이루고 살게 됐다. 그들은 이 마을을 '뉴 러스트New Rust'라 불렀는데, 이는 '새로운 휴식처'라는 뜻이었다. 이 마을로 옮긴 지 3개월 후 땅 소유주는 퇴거 명령서를 받아 냈다. 갈 곳이 없다며 떠나기를 거부한 주민들에게 1999년 5월 18일 강제 퇴거가 시행됐다. 남아공에서는 막 겨울이 시작되는 시기였다. 뉴 러스트의 집들은 불도저로 밀리고 불태워지고 다른 소지품들도 파괴됐다. 주민들은 이전에 살던 공설 운동장 근처로 가려 했으나 이미 다른 사람들이 살고 있었다. 시 당국에 호소했으나 이렇다 할 답을 듣지 못한 주민들은 집을 얻을 때까지 '기본적인 임시 주거'를 제공해 줄 것을 요구하는 소송을 냈다. 적절한 주거권에 대한 권리를 청구하려 시도한 것은 남아공에서 처음 있는 일이었다. 고등 법원은 중앙 정부와 지방 정부, 시 의회 등에 부모들이 아이들에게 적합한 주거를 제공할 수 있을 때까지 최소한의 거주를 구성할 텐트와 화장실, 정기적으로 공급되는 물을 즉각 제공하라고 명령했다. 정부는 항소했고, 결국 이 사건은 헌법재판소에서 크게 다뤄졌다.

2000년, 헌법재판소는 "거처가 없는 사람에게는 우리 사회의 토대적 가치인 인간의 존엄, 자유, 평등 같은 가치가 거부되는 것이나 다름없다."라며 원칙적으로 주거권을 인정하는 결정을 했다. 하지만 이 같은 판결이 신청자들에게 즉각 주거 시설을 제공받을 권리를 인정한 것은 아니었다. 주민들은 자신의 권리를 채울 내용을 확보하지는 못했다. 그루트붐은 약속 이행을 기다리기에 지쳤다며 움막에서 죽어 갔다. 하지만 그녀는 자신이 얻어 낸 판결은 자랑스러워했다. "모든 사람이 앞으로 나아가는 걸 두려워하지요. 우리는 가난했고 살 곳을 원했기에, 나는 전진하는 걸 선택했어요."라는 게 그루트붐 판결에 대한 그녀의 소회였다.

그루트붐 사건에 함께했던 인권 단체들은 주거권의 현실화를 위한 노력을 계속하고 있다. 또한, 그루트붐 사망 이후 그녀를 추모하는 연속 강좌를 열고 있는데, 그중 하나가 오늘 읽어 볼 제프 버들렌더의 강연이다. 제프 버들렌더는 그루트붐 사건 당시 주장 요지를 썼던 인권 변호사다.

1990년대 한국 사회에서 '주거권'이라는 말이 입에 오르내리기 시작했을 때, '세계주거권회의'에서 한국을 남아공과 더불어 세계에서 가장 비인간적으로 철거를 하는 국가로 지목했다는 이야기를 많이 했다. 아파르트헤이트 치하 남아공의 행태와 비교됐다는 것 자체가 수치스러운 일이었다. 그런데 오늘날의 비교 역시 그보다 덜 수치스럽지는 않다. 그루트붐 판결과 용산 판결의 비교 말이다.

용산 참사에서 살아남은 철거민들은 감옥에 있다. 하나같이 중형 선고를 받았다. 참사 이후 함께했던 인권 활동가에게도 재판 결과 어떤 선고가 떨어질지 모른다. 선고 재판이 몇 차례 연기되는 사이 또 구속되는 것 아니냐는 불안감만 깊어 간다. 약자의 주거권 보장을 위한 법원의 역할을 기대하는 버들렌더의 연설문을 읽어 보면서, 그 정

도까지는 아니더라도, 살인 진압의 지휘자는 한 번도 서지 않은 법정
에서 철거민들만 중형을 때려 맞는 상황만이라도 벗어나기를 바라면
지나친 바람일까.

— 2011년 1월 19일에 씀

아이린 그루트붐은 헌법재판소에 사회경제적 권리 사건을 처음으로 성공적으로 제기했습니다. 이 사건은 사법부를 시험했습니다. 우리는 사회경제적 권리를 의도적으로 포함한 헌법을 채택했습니다. 완전한 민주주의는 투표권 그 이상이라는 사실을 인정했기에 그랬습니다. 그것은 또한 사회 정의를 뜻합니다. 우리에게 존엄한 삶을 영위하도록 하고 인간으로서 잠재성을 성취할 수 있게끔 하는 생활의 기본적인 필수품에 대한 접근 형태로 말입니다.

아주 분명하게, 법원의 첫째 할 일은 헌법과 헌법이 품고 있는 권리를 이행하는 것입니다. 집이 파괴당한 사람, 합법적으로 살 곳이 아무 데도 없는 사람은 생활의 가장 근본적인 필수품 중 하나를 부인당한 것입니다. 법원은 이런 일에 팔짱을 낀 채, 다만 불운일 뿐이고 아파르트헤이트의 결과고 언젠가는 변할 것이라고 말할 수는 없습니다. 문제는 법원이 뭔가를 해야 하느냐 마느냐가 아닙니다. 오히려 문제는 법원이 당연히 해야만 하는 일입니다.

판사들은 흔히 이런 일이 어렵다는 걸 압니다. 그들은 지적합니다. 사람들의 필요와 권리를 충족하지 못하는 일이 대규모로 발생할 때, 대답해야 할 문제 중 하나는 "누가 먼저냐?"라고 합니다. 동시에 모든 사람을 충족할 수 없다면 누구의 필요가 우선순위를 누려야만 하느냐? 그리고 또 "돈이 얼마나 드느냐?"라는 질문이 있습니다. 적절한 주거 또는 교육에 대한 권리가 문제라면, 어떤 정도 질의 주거 또는 교육이 헌법의 기준을 충족하기 위해 제공돼야만 하는가? 누군가에게 더 많이 주는 것이 다른 이에게 덜 주는 것을 뜻한다면 어떻게 그걸 판단할 수 있는가?

그루트붐 사건은 이런 것들이 우선적인 질문이 아니라는 걸 보여 줬습니다. 첫째 질문은 '헌법적 권리에 대한 침해가 있었느냐?'입니다. 침해가 있었다면, 법원의 첫째 의무는 "그렇다!"라고 말하는 것입니다. 그렇게 말하는 것은 그 자체로 중요합니다. 그럼으로써 청구자의 정당성을 입증하고, 정부의 실패를 드러내고, 우리의 권리와 의무를 우리에게 알려주고 교육합니다.

법원은 절망적인 상황에 있는 이들에게 긴급 구제 프로그램을 만들지 않은 정부의 실패가 헌법 위반이라고 선언했습니다. 헌법은 정부의 주거 프로그램이 합당해야만 할 것을 요구합니다. 집 없는 누군가가 집 없는 채로 제대로 된 집이 제공될 때까지 20여 년 기다려야만 한다면 합당한 것이 아닙니다.

법원이 이런 선언을 했어도 질문은 남아 있습니다. "누가 먼저냐?" 그리고 "돈이 얼마나 드느냐?" 이런 질문에 직면한 법원은 대개 두 가지의 답변을 내놓습니다.

첫째, 법원은 그런 질문에 대답할 능력이 없다는 겁니다. 법정 앞에 선 유일한 사람들은 청구자와 정부입니다. 다른 집 없는 사람들에게도 요구는 있지만 그들은 법정에 있지 않고 자신들의 사실과 요구를 법원에 제기할 수가 없습니다. 판사들은 사건에서 자신들 앞에 제출된 정보에만 제한돼 있고 다른 정보원에는 의존할 수가 없습니다. 판사들은 주택 정책을 만들 기술이 없습니다. 판사들은 실제적으로 성취될 수 있는 게 뭔지, 어떻게 성취할 수 있을지 모릅니다.

두 번째 답변은, 그런 질문에 대한 결정은 그 결정을 민주적으로 책임질 수 있는 사람들에 의해 이뤄져야만 한다는 겁니다. 아무도 판사에게 투표하지 않고, 잘못된 결정을 한 판사가 투표로 밀려나지도 않습니다. 흔히들 이런 결정은 민주적으로 책임질 만한 이들에 의해 이뤄져야 한다고 말합니다.

이런 답변들은 사실입니다. 그러나 이들 답변 중 어느 것도 완전한 답변은 아닙니다.

무엇보다도, 그루트붐이 집을 받아야만 하는지, 트란스케이의 진흙탕 학교의 아이들이 제대로 된 학교 건물을 받아야만 하는지에 대한 질문은 결코 선거 과정의 주제가 되지 못하는 게 사실입니다. 우리는 5년마다 두 번씩 투표하지만 그것은 전부가 아니면 아무것도 얻지 못하는 투표입니다. 여당을 지지해 찬성표를 던지지만, 긴급 주거에 대한 정책이나 학교에 대한 자원 할당 정책에는 반대표를 던진다고 할 수는 없습니다. 앞서 말한 결정들이 민주적으로 책임질 수 있는 과정에 해당한다고 말하는 것은 민주적 과정임을 과장하는 겁니다. 여러분은 간단한 질문을 자문해 봐야 합니다. 언제 무주택자를 위한 긴급 주거의 제공에 반대해 투표해 봤습니까? 어떤 정당이 트란스케이의 아이들이 진흙탕 학교에서 계속 공부해야만 한다고 말한 적 있고, 어느 누가 그런 정책을 지지해 투표했던가요?

이런 결정들에 정부가 민주적으로 책임질 수 있다는 주장은 따라서 허구입니다. 우리는 이런 상세한 것에 투표하지 않으며 결코 그렇게 할 기회를 가져 본 적도 없습니다.

둘째로, 이런 결정 대부분은 선출된 공직자들에 의해 이뤄지지 않습니다. 그루트붐 사건의 경우, 정부는 긴급 주거를 제공하지 않겠다는 결정을 결코 한 적이 없습니다. 단지 정책에 격차가 있었습니다. 주거 정책은 공무원과 전문가가 세우고, 아마도 시장이 승인하겠죠. 하지만 주거 정책은 결코 민주적으로 책임질 만한 심의 기구에서 고려되지 않았습니다. 마찬가지로, 학교 건물에 어떤 예산을 할당할지에 대한 결정도 민주적으로 선출된 의회에서 이뤄지지 않았습니다. 그런 결정은 사무실에 앉아 있는 공무원과 고위 정치인에 의해 이뤄졌습니다. 그들은 자원을 할당하는 사람입니다. 그들은 닫힌 문 뒤에서 그들이 할 수 있는 최선을 다합니다. 그들은 대개 자신의 결정에 공적으로 책임질 필요가 없습니다.

판사는 공공연히 국민 앞에 앉아 있습니다. 판사는 주장에 귀 기울여야만 하고 결정에 대한 근거를 대야만 합니다. 이것은 강력한 형태의 책임성입니다. 저는 현직 판사로도 있어 봤고 정부 공무원으로도 일해 봤습니다. 판사로서 느꼈던 책임성의 압박감이 정부 부처의 수장으로서 취할 수 있었던 대부분의 결정보다도 훨씬 더 컸다고 저는 진심으로 말할 수 있습니다.

따라서 판사의 비책임성에 대한 주장은 귀담아듣지 말아야 합니다. 판사가 선출되지 않은 건 사실이지만, 사람들의 일상생활에 영향을 끼치는 결정을 하는 다른 많은 사람보다 훨씬 더 큰 직접적인 책임성을 가졌다는 것 또한 사실입니다.

하지만 자원 할당을 놓고 경쟁하는 주장들을 결정할 수 있는 판사의 능력에 대한 질문은 유효합니다. 저는 분명히 판사들이 운영하는 국가에서 살고 싶지는 않습니다.

그렇다면, 권리의 침해를 발견했을 때 판사는 무엇을 해야만 할까요?

판사가 상세한 권리 구제를 결정하는 것이 가능하지 않거나 적절하지 않을까요? 이 질문의 열쇠는 책임성의 증진입니다. 권력 행사에 대한 책임성의 원칙이 우리 헌법의 근본입니다.

일단 권리 침해를 발견했다면 법원이 할 수 있는 첫 번째 일은 정부로 하여금 침해의 구제를 위해 무엇을 해 왔고, 장차 무엇을 할 것이며, 언제 그 일을 할 것인지 공식적으로 선언하도록 명령하는 겁니다. 이렇게 하면 대중적으로 정부의 책임성을 물을 수 있는 기회가 만들어집니다. 정부의 프로그램이 부적절하면, 대중적인 토론과 캠페인, 조직화의 공간을 만들어 내고 이런 일들이 정부로 하여금 더 잘하도록 질책합니다. 국민에게는 자신의 공적인 대표들에게 책임성을 물을 수 있는 정보가 주어집니다.

정부가 장차 뭘 할 거라고 하면, 그것에 반하는 정부 행위가 검증될 수 있는 기준이 만들어집니다. 정부가 기준을 충족하지 못하고 실패를 정당화할 수 없다면, 법정에 재소환될 수 있거나 또는 여론의 법정에서 정부 행위의 정당성을 입증해야만 할 겁니다. 또다시 참여와 민주주의는 깊어집니다.

법원이 할 수 있는 두 번째 일은 정부의 계획, 그 계획의 이행 여부에 관해, 그것들이 헌법적 기준을 충족하는지 판단할 수 있도록 법원에 보고하도록 요구하는 것입니다. 이것은 때로 구조적 금지 명령structural interdict으로 일컬어집니다. 정부에게는 권리의 효력을 발할 최상의 방법이 무엇인지 결정할 여지가 주어지는 것이고, 그러면 정부의 실행 결정이 헌법의 요구를 충족하는지 결정하라고 법원에 묻게 됩니다. 이러면 법원은 법원의 능력을 벗어난 문제의 결정을 피하면서도, 어떠한 일이 사실상 헌법의 기준을 충족하는지 보장할 수 있습니다.

법원이 할 수 있는 세 번째 일은 '현장에서' 참여와 책임성을 증진하도록 명령하는 것입니다. 예를 들어, 헌법재판소는 사람들의 퇴거를 원하는 지자체는 퇴거 절차를 진행하기 전에 주민과 '의미 있는 약속'을 해야만 한다고 했습니다. 올리비아 로드Olivia Road 사건은 이것이 어떻게 작동하는지 보여 줬습니다. 이 사건에서, 요하네스버그 시내의 수백 명은 정말 끔찍한 사유 건물에 살고 있었습니다. 건물은 위험했죠. 화재 위험이 아주 컸고 심각한 건강 위해 요인이 있었습니다.

시 당국은 사람들을 퇴거시키도록 법원에 청구했습니다. 주민들은 나가지 않겠다고 했습니다. 적은 돈벌이라도 하려면 시내에 살아야만 하고 갈 곳이 아무 데도 없으니, 굶어죽을 도시 외곽으로 내쳐지느니 차라리 위험을 무릅쓰고라도 살던 건물에 머물겠다고 했습니다.

법원은 무엇을 해야 했을까요? 끔찍한 고통과 고난을 야기할 줄 알면서도 퇴거를 명해야 했을까요? 아니면 그 역시도 큰 고통을 야기할 줄 알면서도 살던 데 그냥 살도록 허용해야 했을까요?

법원은 둘 다 하지 않았습니다. 법원은 양 당사자에게 이 문제의 해결책에 대하여 쌍방이 '의미 있는 약속'을 하라고 우선 명령했습니다. 이제 처음으로 시 당국은 거주자들을 동등한 자격으로 다뤄야만 했습니다. 쌍방은 그들이 법원에 되돌아가야만 하고 스스로를 설명해야 함을 알았습니다. 쌍방은 자신들이 부당하게 행동한다면, 법원이 자신들에게 불리하게 명령하리라는 위험을 알았습니다. 모든 권력을 가진 시당국과 무력한 거주자들 간에 놓인 예전의 불평등성이 갑자기 변했습니다.

결과는 놀라웠습니다. 시 당국은 화재 위험과 건강 위해성을 제한할 몇 가지 응급 보수를 건물에 하기로 합의했습니다. 일단 건물 보수를 한 후에, 시에서 거주자들이 이주할 다른 건물을 찾았습니다. 거주자들은 이주에 합의했습니다. 거주자들은 할 수 있는 한 임대료를 지불하기로 합의했습니다. 분명 해결하기 어려운 상황이었던 것이 해결됐습니다.

법원이 한 일은 민주적 책임성을 증진한 것이었습니다. 법원의 결정은 시 당국으로 하여금 시의 조처를 거주자들에게 책임지게 했고 정당화하고 설명하게 했습니다. 필요하다면 법원에도 그것을 정당화하고 설명하도록 했습니다. 그것은 또한 거주자들을 정부에 관대함을 호소하는 사람이 아니라, 권리를 가졌기에 정부와 협상할 위치에 있는 권리 소유자로 변화시켰습니다. 물론 이것이야말로 권리의 목적입니다. 권리는 권력 관계를 바꾸고 다스립니다.

우리의 최종 헌법을 채택한 후 14년, 깊은 불평등과 빈곤이 사회 정의에 입각한 민주주의를 건설하려는 우리의 노력을 조롱해 왔습니다. 헌법재판소는 민주적 참여, 권력의 책임성을 증진함으로써 우리의 최상의 목적을 성취하는 데 법원이 도울 방법이 있음을 보여 주었습니다.

— Geoff Budlender, The courts, Accountability and Participatory Democracy-

Irene Grootboom Memorial Lecture(2010.10)

도시에 수식어를 붙인다면 각자 입장에서 아주 다른 수식어를 붙일 것이다. '달콤한' 도시, '잔인한' 도시, '화려한' 도시, '추한' 도시, '풍부한' 도시, '가난한' 도시, '따뜻한' 도시, '냉혹한' 도시…….

도시 치장이 갈수록 요란해지는 요즘, 치장을 위한 청소질 역시 요란하다. 문제는 청소의 대상이 쓰레기나 먼지가 아니라는 점이다. 살고 있는 사람과 그 집을 미관상 좋지 않다는 이유로 쓸어버린다. 노점상을 쓸어버리고 오랜 골목과 이웃을 쓸어버린다. 단속과 추방으로 비시민권자를 추려 내 쓸어버린다. 효율성을 기한다면서 급식 지원이나 장애인 활동보조비 같은 데 쓸 돈을 끌어와서 다른 데 준다. 그러나 사람은 쓸어버릴 수 있는 존재가 아니기에, 이건 애초에 청소라 부를 수 없는 행위고 야만이고 인권침해일 수밖에 없는 행위다.

겨울철 철거는 주거 대안이 없다. 그런 철거에 누군가가 목숨을 버려도 개발업자를 위한 대공사 계획은 거침없이 돌진하고, 디자인 수도를 위한 잔치 속에서 카펫 밑의 먼지처럼 사람들과 그 목소리는 묻혀 버린다. 평생 벌어도 도저히 못 벌 것 같은 액수의 돈을 들고도 전세방조차 못 구하는 사람들, 인생은 대출금 상환이라는 노래가 구슬픈 가운데 도시의 조명은 화려하게 빛난다.

이 도시에는 광장이 없다. 가난하고 냉대받은 사람들이 호소할 광장, 누구나 의견이나 신념에 관계없이 의사표현을 할 광장 대신, 연일 토목 공사가 벌어지는 쇼윈도 무대가 있을 뿐이다.

이 도시의 시민들은 엄청나게 찢겨 있다. 소득 수준과 사교육 수준에 따라 생긴 간극은 땅값, 아파트값이 치솟는 만큼 커진다. 분열된 도시를 연결하는 연대 의식과 책임감, 인간에 대한 예의 같은 건, 잘 안 팔리고 절판되는 책에나 나오는 말이다.

이런 도시들을 겨냥하여 세계 시민 사회는 '도시에 대한 권리 헌장'이란 것을 만들었다. 2001년 브라질의 포르투 알레그레에 세계 시민 사회 포럼으로 모였던 사람들이 계속 대화한 결과를 2004년 아메리카사회포럼(에콰도르 키토)과 2005년 세계도시포럼(스페인 바르셀로나)에서 다듬었다. '도시'라 했지만 농촌 지역을 제외한다는 뜻은 아니며, 다른 지역을 착취하여 번영하는 도시의 상을 어떻게 벗어날지, 많은 정부와 지자체의 참여를 어떻게 유도할지 계속 논쟁 중이다.

이 헌장에 따르면 도시란 무엇보다도 '사회적' 기능을 해야 하는 곳이다. 경제적 성취의 야심을 고층으로 쌓아올리는 것이 아니라, 사회적 약자의 삶을 돌보는 데 우선순위를 두고 시민의 복지가 자연과 조화를 이루도록 하고 인간다운 생활에 필수적인 것들을 평등하게 나눌 수 있도록 하는 것이 사회적 기능이다. 이런 기능을 위해 시의 운영은 민주적이고 투명해야 한다. 시민은 연대의 의무를 수행하는 가운데 이런 권리를 추구해야 한다는 것이 그 요점이다.

그런 건 말뿐인 원칙이지 강행할 힘이 있는 법조문이 아니라고 대꾸할 도시인이 많을 것이다. 그러나 공동으로 추구할 원칙 없는 도시에는 금지의 법만이 넘치는 것 아닌가. 원칙은 우리로 하여금 생각하게 하고 창조적으로 실천하게 돕는 도구다. 금지와 제약의 선을 엄격히 준수하며, 다양해진 도시의 쇼를 관람하고, 우울해지는 사회면 기사는 적당히 무시하고 사는 것이 자유인일까?

진짜 도시의 자유인은 금지와 제약의 선에 저항하며, 냉대받고 잊힌 이들을 생각에서 지우지 않고, 따뜻한 도시를 만들어 보자는 꿈을 꾸며 차가운 연말의 거리를 종종 걸음 치는 그 누군가가 아닐까.

— 2009년 12월 16일에 씀

도시권에 관한 세계 헌장

새천년에 세계 인구의 절반은 도시에 살고 있고 2005년까지 도시화의 비율이 65%에 이를 전망이다. 잠재적으로 도시는 거대한 부의 지역이고 경제적·환경적·정치적·문화적으로 다양한 지역이다. 도시의 생활양식은 우리가 동료 인간과 지역과 맺는 관계의 양식에 영향을 끼친다.

그러나 이런 잠재성과는 반대로, 현재 대다수 3세계 도시에서 이행되는 개발 모델에서는 오직 소득과 권력의 집중이 발견될 뿐이고 가속화된 도시화 과정은 환경의 파괴와 사회적·물리적 분리를 양산하고 있는 공공 영역의 민영화다.

대부분의 도시는 그 거주자에게는 평등한 조건과 기회를 제공하는 것과는 거리가 멀다. 도시 인구의 상당수는 그들의 경제적·사회적·문화적 또는 인종적 특성이나 성별 또는 연령 때문에 기본적인 필수품의 충족을 박탈당하거나 제한받고 있다.

...

이런 현실에 직면하여 시민 사회는 2001년 제1회 세계사회포럼 이후 계속 교류하며 문제를 분석하고 토론했다. 지속가능한 도시사회와 생활 양식 모델을 제시하려고 도전했고, 이 도전은 연대·자유·존엄성과 사회 정의라는 우선적인 원칙들에 토대하고 있다.

...

도시권에 관한 세계 헌장은 도시의 투쟁에 기여하고 국제 인권 체계 속에 도시권을 인정하도록 하는 과정을 지원하기 위한 도구다. 도시권의 핵심 요소는 지속가능성과 사회 정의의 원칙을 고려하는 도시의 평등한 사용권이다. 도시권은 모든 도시 거주민의 집단권, 특히 취약하고 냉대받는 사람들의 권리로 이해돼야 한다.

...

제1조 도시에 대한 권리

1. 모든 사람은 이 헌장의 원칙과 규범에 따라 성, 연령, 인종, 민족, 정치적 종교적 지향성에 따른 차별 없이 문화적 기억과 정체성을 보존할 도시에 대한 권리를 갖는다.

...

5. 이 헌장에서 시민이란 영구적으로나 일시적으로나 그 도시에 사는 모든 사람을 말한다.

제2조 도시권의 원칙들

1. 도시의 민주적 운영

모든 시민은 직접적으로나 대표를 통해 도시의 관리, 도시 계획 및 통치에 참여할 권리를 갖는다. … 모든 시민은 도시의 계획, 설계, 관리, 운영, 복원 및 개선에 참여할 권리를 갖는다.

2. 도시의 사회적 기능

도시는 모든 사람에게 도시의 경제, 문화 및 자원을 완전히 이용할 것을 보장해야 제 사회적 기능을 하는 것이다. 또한, 평등한 분배 기준을 준수하고 문화와 생태의 지속가능성을 존중하고 오늘의 세대와 미래세대를 위해 모든 시민의 복지가 자연과 조화를 이룸으로써 계획과 투자된 자본이 시민의 혜택을 위해 이행될 때야 도시는 제 사회적 기능을 하는 것이다.

3. 재산의 사회적 기능

(a) 도시와 시민에게 속한 공공 및 사유 공간과 재산은 사회적, 문화적 환경적 이익을 우선하는 방식으로 이용돼야만 한다. 모든 시민은 사회 정의의 이상 위에서, 지속가능한 환경의 조건 하에서라는 민주적인 변수에 기반하여 도시 영토의 소유권에 참여할 권리를 갖는다. 공공 정책의 형성과 이행에서 도시 공간과 토지 둘 다의 사회적으로 공정한 이용이 성 평등과 환경 평등, 안전과 더불어 증진돼야만 한다.

(b) 도시 정책의 형성과 이행에서 사회적 문화적 이익이 개인의 재산권보다 우선권을 가져야만 한다.

…

4. 시민권의 완전한 행사

도시는 평등과 정의, 거주지의 사회적 생산을 완전히 존중하는 속에서 모든 사람의 존엄성과 집단적 복지를 보장하는 모든 인권과 기본적인 자유의 실현을 위한 장소여야 한다. 모든 사람은 도시에서 연대의 의무를 지는 동시에 자신의 정치적, 경제적, 사회적 환경적 발전에 필수적인 조건을 찾을 권리가 있다.

5. 평등과 비차별

이 헌장에 새겨진 권리는 영구적으로나 일시적으로나 도시에 사는 모든 사람에게 연령, 성, 성적 지향성, 언어, 종교, 의견, 인종 및 민족적 출신, 소득 수준, 시민 또는 이주자 상황에 따른 어떤 차별도 없이 보장돼야 한다.

…

6. 취약한 사람과 집단을 위한 특별한 보호

더 취약한 집단과 개인은 보호와 통합을 위한 특별한 조치에 대한 권리, 기본 서비스를 제공받을 권리, 차별과 싸울 권리를 갖는다.

이 헌장에서 취약한 사람들이란 다음과 같다: 빈곤 상태에 있는 사람, 건강과 환경적 위험에 처한 사람, 폭력의 피해자, 장애인, 이주민, 난민, 각 도시의 현실 속에서 나머지 다른 집단과 비교하여 열악한 상황에 있는 사람. 이런 집단 속에서도 노인, 여성, 아동에게 최우선적으로 관심을 기울여야만 한다.

…

제5조 도시 운영의 투명성

1. 도시 행정의 투명성 원칙을 지키기 위해 공무원과 정부의 책임성을 시민이 감시할 수 있도록 효과적으로 개방하는 방식의 행정 구조를 도시는 조직해야 한다.
...

제6조 공공 정보에 대한 권리

1. 모든 사람은 시 행정부의 어떤 부서에 대해서나 입법 또는 사법 당국에 대해서나 그 부서들의 행정 및 재정 활동, 공공 서비스 제공을 위해 계약을 맺은 회사와 사적인 경제 협회, 민관 혼합의 경제 협회의 활동에 관해 완전하고, 정확하고, 충분하고, 시기적절한 정보를 요구하고 받을 권리를 갖는다.
2. 시민으로부터 정보 요청을 받은 시 정부 또는 사적 부문의 고용인은 자기 권한의 영역을 언급하고 해당 시기에 가용성 있는 정보를 만들고 생산할 의무가 있다.
...

제9조 결사, 집회, 표현의 권리와 도시의 공적 공간의 민주적 이용 권리

모든 사람은 결사, 집회, 표현의 권리를 갖는다. 도시는 공공 구역을 개방된 모임과 비공식적 모임을 위해 이용 가능하도록 만들어야 한다.
...

제14조 주거권
...

3. 도시는 취약한 집단과 홈리스 집단이 주택법과 프로그램에서 우선적으로 혜택을 볼 수 있도록 보장해야 한다.
...

6. 모든 사람은 퇴거, 몰수, 강제적 또는 자의적인 이주에 대해 보호받을 권리를 보장하는 법 장치의 수단에 의해 자신의 집에 대한 점유의 안정성을 갖는다.
...

9. 도시는 자의적인 퇴거로부터 거주자들을 보호해야 하고 주거 임대를 규제함으로

써 고리대금에서 차용자를 보호해야 한다.

— World Charter on the Right to the City(2004)

9

September

누군가는 풍요로운 수확을,
누군가는 허전한 쇠락을 생각하는 달.

인생을 봄, 여름, 가을, 겨울로 나눌 수 있을까?
동틀 녘과 황혼으로 나눌 수 있을까?
나이로 인생의 가치와 지향을 표시할 수 있을까?

인류야말로 황혼에 서 있는 것 아닐까?
인류는 에너지 위기로 고갈과 파멸에 이를까?
아니면 재생과 순환의 이치를 따르게 될까?

인간의 노년과 자연의 이치가 상호 맞물려 있다.
둘 다 존중이 필수다.

이런 환경을 미래세대에게 물려줄 수 없다

+ 재생 에너지에 관한 인권

+ 핵에너지는 박물관에 있어야 외 2편

2016년 9월 12일 경상북도 경주시에서 규모 5.8의 지진이 발생했다.
1978년 기상청이 계기 지진 관측을 시작한 이후
한반도에서 발생한 역대 최대 규모의 지진이다.
부산과 울산, 창원에서는 진도 5가 감지됐다.
이후에도 수백여 차례 여진이 발생해
한반도가 더 이상 지진 안전지대가 아님을 절감하고
남부 지역에 집중된 핵발전소의 안전을 다시 따져 보는 계기가 됐다.

날이 춥다. 겨울이 되면 가장 두려운 뉴스는 전기 끊긴 방에서 촛불 켜고 자다 세상을 떠났다는 가난한 이들의 사연, 한겨울에 수도도 가스도 끊겼다는 에너지 빈곤층의 사연이다. 엄청난 네온사인으로 빛나는 풍요의 한편에서 그런 일이 벌어질 때마다 물을 수밖에 없다. 에너지는 모자라지 않다는데 왜 이런 일이 벌어질까? 혹여 모자란다면 도대체 누구의 소비 때문에 모자란 것인가? 배분이 불평등한 에너지는 생산 과정에서도 혹독한 차별을 한다.

서울 대한문 앞에서 밀양 송전탑 공사 중단을 요구하며 765kv 송전탑을 상징하는 765배의 절을 하는 행사가 여러 번 있었다. 얼마 전 점심 무렵, 밀양에서 올라오신 할머니 세 분과 같이 절을 하고 있는데, 한 할아버지가 "시끄럽다." "나랏일 반대하는 것들"이라고 욕을 하며 지나갔다. 잠시 후 잘 차려입은 중년 여성들이 왁자지껄 지나갔다. "왜 멈춰? 짓던 건 지어야지. 왜 중단하라는 거야?" 할머니들에게 삿대질하듯 외쳤다. 거의 악을 쓰는 수준이었다. 할머니 한 분이 분에 차서 달려가셨다. "니들 지금 뭐라캤노?" 경찰이 할머니를 뜯어말리는 사이 그 여성들은 유유히 횡단보도를 건너갔다.

'속상해서 못 살겠다.' 할머니 맘속에 꽉 찬 말이 들리는 듯했다. '나랏일에 버려질 수 있는 시민이 시민일 수 있는가?' '당신들이 돈만 주면 살 수 있다고 여기는 그것을 나는 결코 팔 맘이 없다.' '이건 거래가 성립될 수 없는 일이다. 그러니 다른 길을 찾아야 한다.'

며칠 전 추우니 집에 그냥 계시라는 만류에도 불구하고 엄마가 기어코 김치통을 들고 왔다. 택시라도 타고 오시라 했건만 늘 버스를 타고 오신다. 버스 정류장으로 마중 나가니 양쪽에 보따리를 내려놓고 힘겹게 주저앉아 있다. 칠순을 넘긴 엄마가 그날따라 참 늙어 보였다. 횡단보도에서 엄마를 바라보다가 흠칫했다. 밀양의 '할매'라고 불리는 분들이나 울 엄마의 나이가 별로 다르지 않다는 생각이 순간 들었던 것이다. 엄마가 지금 산속에서 송전탑 공사에 맞서 싸우는 상상을 해 보았다. 자식을 위해 기어코 무거운 짐을 지고 오는 엄마나 산자락에 매달려 "이런 환경을 자식들에게 물려줄 수 없다."라고 외치는 그분들이나 다를 바 없는 마음일 테다.

엄마 역시 평생 에너지 빈곤층이었다. 아이 넷을 키워야 했던 알량

한 단칸방은 구들장이 불량이었다. 어느 밤 동생의 신음소리에 눈을 뜬 엄마는 잠과 가스에 취한 우리를 찬 바람 부는 길로 내쫓아 정신 들게 한 뒤 동치미 국물을 퍼 먹였다. 구들장 고칠 엄두가 안 나 아예 연탄을 때지 않기로 했다. 일하고 돌아온 엄마는 뜨뜻한 방에 실컷 지져 보고 싶다는 말을 자주 했다. 난 그때 '지진다.'라는 말이 무슨 뜻인지 잘 몰랐다. 엄마의 갈라터진 발을 씻을 더운 물은 꿈도 꾸기 어려웠다. 비싼 석유곤로에 물을 데워 쓰는 것은 사치였다. 가스보일러로 난방과 온수를 해결할 수 있는 삶은 엄마 생애의 아주 후반부에야 왔다. 마찬가지로 밀양의 할머니들은 평생 얼마나 에너지를 써 봤을까? 싸고 깨끗한 에너지와는 얼마나 먼 거리의 삶을 살아왔을지 짐작하기 어렵지 않다. 아끼고 참고 견뎠을 삶이었을 테다.

우리 주변은 많이 커지고 화려해진 것투성이다. 하지만 여전히 우리 주변에서 엄마와 같은 에너지 빈곤층을 찾아보기는 어렵지 않다. 빈곤층까지는 아니더라도 생활의 주름에 시달리는 사람들이 적지 않다. "또 오른다."라는 전기 등 각종 에너지 요금 걱정에 핵발전소와 송전탑을 빨리 세워야 더 싸게 쓸 수 있다는 선전이 솔깃할지 모른다. 생활의 아쉬움과 각박함에 '왜 공사를 방해하느냐?'라고 원망할지도 모르고, 해 준 것 없어도 나랏일 방해하는 건 도리가 아니라고 스스로 가꿔 온 도덕심에 타박할지도 모른다. 그래서 없는 사람끼리, 같은 시민끼리 '누구는 국민입네 누구는 국민 아닙네.'로 나뉘어 싸우는 갈등만 커져 간다. 이 갈등의 에너지를 전환한다면 아주 높은 에너지가 발생할 것 같다.

기업이 잘되고 기업이 돈 많이 벌면 노동자도 잘살게 된다는 말, 나랏돈이 많아지면 가난한 이에게도 혜택이 온다는 말, 이제 그런 말들에 의심을 보여도 하등 이상할 게 없는 형편이다. 마찬가지로 핵발전소 많이 세워야 값싸게 전기를 쓸 수 있다는 말, 그 전기를 쓰려면 송전탑이 필요하다는 말, 경제성장을 위해 해야만 하는 일이란 말도 마찬가지다. 이제 의심을 품고 질문을 던져야 할 때다. 질문을 던질 때가 지나도 한참 지난 것이다. 이번 주말로 계획된 밀양으로 향하는 희망버스는 이 질문을 던지려고 시동을 거는 것이다.

처음에는 내 엄마 같은 분들이 고통받는 게 그저 안쓰럽고 죄스러웠다. 하지만 시간이 지날수록 정의로운 삶에 대한 사람으로서의 의지에 감동하고, 우리의 미래를 위해 그분들이 고통을 자처하고 감내하고 있음을 알게 됐다. 그분들이 대신 싸워 주고 대신 대안을 만들어 줄 수 있는 시간은 얼마 남지 않았다. 이건 우리의 미래고 우리가 대안을 만들어야 하는 일이다.

오늘 읽어 볼 인권문헌은 대안 에너지의 선구자로 알려진 헤르만 셰어의 글과 셰어의 노력으로 일궈진 '세계 재생 에너지회의'의 성명이다. 새삼스러운 내용은 아니다. 밀양과 관련해 대안을 주장하는 사람들에게서 많이 들었던 내용이다. 하지만 한 가지 다르다는 생각이 들었다. 셰어는 연방의원을 여러 차례 지낸 정치인이자 학자다. 그와 독일 시민이 재생 에너지를 주장하고 실행하면서 고착당하고 채증당하고 다치고 끌려갔다는 얘기를 들어 본 적은 없다. 공권력에 모욕당하거나, 나랏일에 반대하는 건 국민도 아니라며 '버림받았다.'는 얘기도 없었다.

2010년 세상을 떠난 셰어는 평생을 바쳐 재생 가능 에너지에 대한 인권을 '자연의 수혜를 온전히 누릴 천부적 인권'으로 주장했다. 재생 가능 에너지로의 전환이 화석 에너지의 고갈이나 위험성 때문에 그저 피치 못해 나온 요구가 아니라, 그 자체로 인권적이라는 주장이다.

올 겨울은 여러모로 많이 춥다. 그래서 우리는 더 절박하다. 에너지를 만드는 과정 자체가 달라져야 나눠 갖는 방식도 달라질 수 있다. 이것이 밀양의 고통에 맞닥뜨리면서 많은 사람이 배운 것이다. 서울을 위해 지방을 희생하는 방식을 버려야 하고 위험한 핵발전 대신 하루빨리 대안을 찾아야 한다는 것, 에너지의 생산도 혜택도 같이 나누는 길을 닦아야 한다는 것이다. 더 늦기 전에 우리의 방향을 바꿀 수는 없는 것인지, 밀양 희망버스는 질문을 던지려 한다.

— 2013년 11월 27일에 씀

✦ 재생 에너지에 관한 인권

"모든 사람은 태어날 때부터 자유로우며, 존엄성과 권리에서 동등하다."라는 세계인권선언의 첫 문장은 기본적인 인류의 약속을 명시하고 있다. 이 약속을 존중할 때에만 평화로운 인류의 삶이 튼튼하게 보장될 수 있다.

에너지는 모든 삶에 기본적인 필수 조건이다. 에너지의 사용은 기본적이고 불가분적인 인권이다.

20세기에 우리가 얻은 경험은 기존의 에너지 공급 시스템(주로 화석 에너지와 일부 원자력 에너지에 의존하는)이 모든 사람에게 에너지 인권을 보장하는 입장이 아니었다는 것이다. 에너지 인권은 10억 이상의 사람에게 침해됐다. 전통적인 에너지원의 임박한 고갈과 그것들이 환경과 기후에 끼친 엄청난 영향 때문에, 에너지 권리는 갈수록 더 많은 사람에게 더 적게 보장될 수밖에 있다. 에너지 인권은 재생 가능한 에너지에 의해서만 성취될 수 있다.

재생 에너지를 동원하는 데 더 이상은 낭비할 시간이 없다. 지금까지 국제적 노력은 필수적인 요구와 주어진 기회를 따라잡지 못하고 꾸물거렸다. 다수의 유엔 회의는 지킬 수 있는 것보다 더 많은 약속을 했다. 매 단계에서 합의에 의한 의사결정을 고수했기 때문이다. 지금껏 유엔 기구들과 다국적 개발 은행들은 그들의 우선순위를 재생 에너지로 전환하려 하지 않거나 그렇게 하는 것을 방해했다. 교토 의정서는 그것에 요구된 바에 훨씬 못 미치는 것이다. 교토 의정서의 주요 문제는 재생 가능 에너지를 향한 근본적 전환으로 배출을 방지하는 대신 거래와 매매할 권리를 강조한 데 있다. 원자력의 증진은 국제법 속에 정해져 있지만 재생 에너지는 그렇지 않다. 화석과 핵에너지 시스템은 여전히 매년 미화 5000억 달러의 보조금을 받고 있으며, 이것은 재생 에너지에 쓰이는 것의 50배에 이른다.

  정부 간 국제기구들의 시스템은 재생 에너지에 대한 차별을 반영하고 있다. 국제원자력기구IAEA는 핵기술의 확산을 조장하고, 국제에너지기구IEA는 화석 에너지 산업의 위성으로 작동하고 있다. 두 기구 모두 핵과 화석 에너지의 위험성을 낮추고 재생 에너지의 잠재성을 부정함으로써 정부들과 대중을 오랫동안 잘못된 방향으로 이끌어 왔다.

  이 기구들은 미래에 눈감은 에너지 정책으로 정부들을 이끌어 왔다. 우리는 이런 사실에 더 이상 침묵하거나 무시해서는 안 된다. 책임자의 이름을 거명해야만 한다. 우리는 우리의 행위에 책임질 뿐 아니라 행동하지 않음도 책임져야 한다. … 인류는 지금 기로에 서 있다. 오늘과 미래에 재생 에너지의 비용은 지속가능하고 싸며 모든 사람에게 에너지를 공급하기에 충분할 것이다. 더 이상의 지연은 무책임한 것이다. 경제적, 생태적 이유와 평화 정책이 재생 가능 에너지를 웅변하고 있다. 모든 것을 고려하건데, 재생 에너지를 위한 기본적인 윤리적 결단이 결론이다. …

  ─2005년 11월 26~30, 독일 본에서 열린 세계 재생 에너지 회의에서 채택한 최종 성명

+ 세계 재생 에너지회의 설립 연설

··· 유명한 세계적 과학자 레오나르도 다빈치는 "태양은 결코 그늘을 본 적이 없다."라는 말을 했습니다. 오늘날 세계 문명은 무수한 실존의 에너 지 위기들로 그늘 지워져 있고, 동시에 그 위기는 쌓여 가고만 있습니다. 여러분 모두는 핵심어들을 알고 있습니다. 줄어드는 매장량, 늘어가는 에 너지 요구, 그에 따른 소진, 가격 상승, 경제적 제약, 사회 내부의 긴장과 국가 간의 긴장 말입니다. 이 모든 것 말고도 기후 변화, 공기와 물 오염, 죽어 가는 숲과 사막화가 있습니다.

인민과 그 정부들은 이 모든 것을 알고 있지만, 사람들은 시한폭탄의 째깍거리는 소리 듣기를 싫어합니다. 사람들은 해결책에 대한 열망이 있 습니다. 가장 기본적이고 광범위한 해결책은 재생 가능 에너지로의 전환 입니다.

세계 문명은 다양한 에너지 위기의 그늘을 벗어나려고 시간과 경주하 고 있기에 지금이 그 전환의 때입니다. 오랜 아프리카의 교훈처럼, "태양 을 향해 얼굴을 돌려라. 그러면 그늘은 네 뒤에 생길 것이다."

··· 제가 보기에 재생 에너지 정책에는 4가지 일반적 지침이 있습니다.

1. 빠른 행동이 필수불가결합니다. 재생 에너지에 대해 입바른 말을 늘 어놓을 시간이 없습니다. "지구적으로 말하고, 국가적으로 미루는" 게임 을 끝낼 때가 이미 너무 늦었습니다. ···

2. 재생 에너지는 공공재입니다. 바람과 태양열을 사유화하는 것은 불 가능합니다. 이런 에너지 형태를 사용하면 세계 경제에 더 큰 평등이 올

겁니다.

3. 재생 에너지는 거시경제적 혜택을 다면화했습니다. 정치적 목표와 기술은 거시경제적 혜택을 투자자와 소비자를 위한 미시경제적 동기들로 전환하는 것입니다.

4. 재생 에너지는 연료비와 환경 비용을 피하는 새로운 경제적 계산을 가능케 합니다.

… 여러분에게 목표가 있다면, 많은 저항이 있다고 좌절해서는 안 됩니다. 일이 틀에 박힌 방식으로 되지 않을 때는 틀을 벗어난 경로를 취하는 것이 필수적입니다. 아인슈타인이 말했듯이 말입니다. "문제를 야기한 방법들로는 문제를 해결할 수가 없다."

— 헤르만 셰어, 독일 본, 2009년 1월 26일

+ 부담 대신에 혜택을 공유하자
— 세계 재생 에너지회의 설립의 정치, 경제, 생태적 이유

… 우리는 산업화가 시작된 이래로 경제와 사회에 대한 가장 큰 도전에 직면해 있다. 우리에게 도전하는 것은 기후 변화만이 아니다. 과거 화석 자원의 과도한 사용으로 야기된 지구 온난화의 점증하는 문제가 아니더라도, 지구의 에너지 시스템은 온전할 리가 없다. 다양한 환경 문제와 함

께 에너지 자원의 계속 커져 가는 결핍 문제가 남아 있다. 경제적 관점에서 보면, 이것은 전통적인 에너지 공급 시스템의 간접적인 외부적 비용이다. 현재의 에너지 가격은 이런 비용을 반영하고 있지 않다. 하지만 그럼에도 지불해야만 하는 비용이다. 재생 에너지로만 우리는 그런 비용을 피할 수 있고 사회를 그런 비용으로부터 해방시킬 수 있다.

이런 도전에 대한 답들은 대부분에게 경제적 부담으로 여겨진다. 경제적 부담에 대한 가정이 지금의 에너지 토론에 큰 자국을 남기고 있다. 나에게 이런 가정은 아주 근시안적으로 보인다. 재생 에너지로의 전환은 의미심장한 정치적, 경제적, 사회적 생태적 혜택을 이끌 것이다. 미시경제적 차원만을 고려한다면 그리고 에너지 투자에 대한 아주 고립적인 비용 비교만을 기준으로 삼는다면, 이런 혜택들이 간과될 경향이 있다. 거시경제적이고 총체적인 전망을 사용하면 다른 결과를 낳을 것이다.

— 헤르만 셰어, 독일 베를린, 2008년 4월 10일

✦ 핵에너지는 박물관에 있어야

우리는 필요한 전기를 모두 재생 에너지로 충족할 수 있다.

핵에너지를 생산하는 것은 싸지도 안전하지도 않다. 대안 에너지에 더 많은 관심을 기울여야 할 때고, 한때 핵에너지에 그랬듯이 대안 에너지

증진에 힘을 쏟아야 할 때다. 세계적으로 핵에너지의 르네상스를 선포하는 선전이 더 많다. 국제에너지기구는 심지어 2050년까지 1200개의 새로운 핵발전소 건설을 요구하고 있다. 그것이 기후 변화에 대한 해답이며 화석연료 수입 의존도를 낮추고 연료 가격을 안정화할 것이라고 주장한다. 이런 주장은 핵에너지의 많은 심각한 위험뿐 아니라 핵에너지의 진짜 비용을 무시하고 있다. 또한 재생 에너지의 엄청난 잠재성을 부인하고 있다. …

우리의 핵폐기물은 10만 년 남을 유산이다. 어떤 정치적, 경제적 질서가 그런 기간을 버티고 남아 있을 수 있을까? 원자력으로 돌아가서는 안 되는 더 중요한 이유들이 있다. … 엄청난 물을 필요로 하는 핵원자로는 늘어만 가는 지구적 물 위기와 충돌하며 세계 인구의 필요와도 경쟁한다. 핵발전소가 만들어 낸 잉여 열은 생산적으로 이용하기 어렵다. 이것이 핵발전이 근본적으로 비효율적인 이유다. 이윤을 내려면 비싼 핵발전소가 최대 생산 능력으로 작동해야만 한다. 이건 정부가 전기 시장 자유화를 뒤집고 핵산업에 일정한 몫을 보장해 줘야만 가능한 일이다. 핵발전 경제는 언제나 국가 산업이었다. 이것은 공공연히 인정되기도 하지만 때로는 은폐된다. …

지난 12년 동안, 독일의 재생 에너지법으로 3만 메가와트의 전력이 만들어졌다. 2007년 한 해에만, 새로운 용량이 급격히 늘어서 재생 에너지가 150억 킬로와트의 전력을 생산했다. 이것은 핵발전소 두 개의 연간 생산량과 맞먹는다. 이런 초기 비율이 25년만 계속돼도 독일의 전기는 재생 에너지로 완벽하게 공급될 수 있을 것이다. 독일은 약 35만 평방킬로미터에 8100만 명의 인구를 가졌다. 독일에서 될 수 있는 일은 어디에서도 될 수 있다.

　이 모든 것의 우선순위에서, 기존의 중앙 집중식 설비에서 벗어나 재생 에너지를 확장하는 것보다 더 빠른 것은 없다. 고도로 집중화된 전통적인 발전소는 다수의 더 작은 중간 크기의 발전소로 대체될 수 있다. 태양 또는 풍력 발전기는 단기간에 설치될 수 있는 반면에 핵발소는 짓는 데 평균 10년이 걸린다. 시간이 없으니 환경을 보호하려면 핵에너지로 바꿔야 한다는 주장은 말도 안 되는 것이다. …

　핵에너지의 비용은 멈출 수 없이 치솟는 반면 재생 에너지의 비용은 순차적 생산과 기술의 세련으로 꾸준히 떨어지고 있다. 우리는 재생 에너지에 대한 근시안적인 비관주의뿐 아니라 핵에너지를 둘러싼 근거 없는 기술적 낙관주의를 극복해야만 한다. … 장차 핵에너지가 있을 곳은 기술 박물관이다.

　　　　　　　　　　　　　　　— 헤르만 셰어, 〈독일타임스〉, 2008년 8월

10

October

'가을에는 떠나지 말라.' 호소하고 싶은 쓸쓸한 달,
'마지막 밤'조차 허락하지 않은 이별이 아쉬운 달.

사고팔 수 없는 존엄성을 위해
서둘러 떠난 사람들을 기억한다.

양으로는 따질 수 없는 것, 그것이 삶의 질

+ 마사 너스봄의 '핵심적 인간 역량'

2012년 10월 26일 새벽
서울의 어느 집에서 작은 불이 났다.
현관까지는 단 다섯 걸음이었지만 홀로 있던 김주영 씨는
소방차가 도착하는 그 몇 분 사이에 숨이 막혀 죽었다.

박경석 교장 선생님이 감옥에 있다. 그는 무슨 무슨 위원장 등 직함이 많은 사람이다. 하지만 20여 년 전 노들 장애인 야학을 열어 지금껏 책임져 왔기에 '교장 선생님'이 가장 먼저 떠오른다. '노들'에서 그는 학령기에 배움의 기회를 갖지 못한 장애인과 더불어 배우고 장애 차별과 맞서 싸워 왔다. 그가 교장 선생님인 것은 나에게는 또 다른 의미다. 집회나 행사에서 얼굴을 볼라치면 그는 늘 무섭게 따져 물었다. "인권이 도대체 어떻게 된 거예요?" "이것 좀 어떻게 해 봐야 하는 거 아닙니까?" "인권 갖고 우릴 좀 어떻게 해 봐요."로 이어지는 그의 고함은 학창시절 교장 선생님의 훈시에 비할 바가 아니었다.

그는 지금 '노역 투쟁'이라는 명목으로 감옥에 있다. 척수장애로 중

증 장애인인 그가 스스로 감옥에 들어간 이유는, 쌓이고 쌓인 벌금 때문이다. 왜 벌금을 때려 맞았느냐면, 장애인 활동 지원 24시간 보장과 장애 등급제 폐지를 요구한 활동 때문이다. 그 죄목 중 하나에는 동료 활동가의 장례식도 포함되어 있다.

2012년 10월 26일 새벽, 서울의 어느 집에서 작은 불이 났다. 단 5분 만에 진압될 작은 불이었지만 사람이 죽었다. 현관까지 단 다섯 걸음밖에 되지 않았지만, 활동 보조인 없이는 움직일 수 없는 중증 장애인이 거기 있었다. 활동 보조인 서비스가 12시간만 제공됐기 때문에 홀로 있던 고 김주영 씨는 입으로 펜을 물어 전화기를 눌러 소방차를 불렀다. 하지만 소방차가 도착하는 그 몇 분 사이에 홀로 숨이 막혀 죽었다.

장례식이 열린 광화문 광장은 화창했지만 바람이 쌀쌀했다. 추모 글을 써 온 동료들은 울먹거림으로 계속 멈춰야 했다. 동료를 잃은 슬픔과 비슷한 일이 언제든지 벌어질 수 있다는 공포가 뒤범벅된 장례식은 처연했다. 단상 위의 영정을 보는 것도, 그 옆의 장애 활동가들을 보는 것도 괴로운 날이었다. 우리는 차가운 바닥에 앉아 슬픔을 나누고 있는데, 유족을 위해 마련했다는 몇 안 되는 의자에는 국회의원들이 떡하니 앉아 있었다. 장애인은 죽어서야 정치인의 관심사가 될 수 있다고 말하는 것 같았다. 복잡하고 심란한 맘으로 헌화한 뒤 나는 광장을 떠났다. 얼마 뒤 들려온 소식은 기가 찼다. 그 장례식과 보건복지부까지 벌인 추모와 항의 행진이 불법이라며 벌금 벼락을 맞았다고 했다.

돈으로 가치를 매길 수 없고, 돈으로 사고팔 수 없는 게 있음을 경고하고 지키는 것이 인권이다. 인간의 존엄성과 그 존중의 요구에 돈의 폭력으로 응대하겠다는 사회나 정치는, 어디 내다 팔려 해도 사려고 나서는 데가 없을 것이다. 노동, 평화, 생태, 차별 철폐 등 우리 삶에서 지켜야 할 가치를 놓고 벌이는 활동들이 "돈 없으면 인간 존엄성을 포기하라."라는 노골적이고 천박한 협박을 받은 지 오래다. 그런 윽박질에 시달리면서도 사람들은 계속 싸우고, 벌금은 쌓이고, 벌금 마련 후원 주점에서 가난한 주머니를 털고, 또 싸우기를 계속해 왔다. 그런 끝에 우리의 교장 선생님은 자기 몸을 털기로 결심했다. 순순히 벌금 납부의 의무를 이행하겠다는 것이 아니다. 그따위 윽박질에 포기할 존엄성이 아니고, 협박에 멈출 인권 투쟁이 아니란 것을 온몸으로 가르쳐 주겠단다. 손해배상 청구, 벌금 탄압, 이제 그만할 때가 됐다고 온몸으로 종을 치겠단다. 이제 그 종소리를 들을 때다.

인간의 존엄성을 존중한다는 것은 백 번 맞는 말이지만, 손에 잘 잡히지 않는다. 흔히 추상적이라는 비판을 받는다. 그럼 어떻게 인간다운 삶의 질이란 것을 잴 수 있을까? 오늘 읽어 볼 인권문헌 〈핵심적 인간 역량〉을 쓴 너스봄은 기존의 척도들을 비판하면서 '역량capabilities'을 새로운 척도로 내놓는다. 너스봄은 삶의 질을 측정하는 기초이자 정치적 계획의 목표로 '역량'을 인권에 도입한 학자다. 그녀를 통해 교장 선생님의 종소리를 번역해 보려 한다.

'총량이 얼마나 늘었는가?' '평균이 얼마나 높아졌는가?' '투입한 자원이 A라는 사람을 얼마나 만족시켰나?'가 기존의 척도가 던지는 질문이다. 하지만 너스봄은 여기에 문제를 제기한다. GNP의 증가는 실제 그 돈을 누가 가졌는지 말해 주지 않는다. 평균은 개개인의 단독

성과 고유성을 무시한다. '만족'이란 왜곡될 수 있다. 불평등한 가치를 내면화한 사람들은 '이것만으로도 감지덕지'라며 자신의 선호를 낮추거나 감춘다. 또, 얼마나 많은 자원이 투입됐느냐가 실제로 충분히 인간다운 삶이 작동하는지를 증명하지는 않는다.

너스봄이 던지는 질문은 'A가 실제로 할 수 있고 될 수 있는 것은 무엇인가?'다. 이에 너스봄은 양으로 따질 수 없는 삶의 질, 한 사람 한 사람의 고유한 삶의 역량을 강화해야 한다고 본다.

'역량'이란 말의 의미를 살펴보자. 사람에게는 소중히 여기는 어떤 것 또는 어떤 목표가 있다. 역량 이론에서는 그걸 '기능'이라 부른다. 가령, 잘 먹고 쉬는 것에서부터 타인과 좋은 관계를 맺고 자존감을 가지는 것에 이르기까지 그 목표는 다양할 수 있다. 하지만 그런 기능들이 늘 마음처럼 실행 가능한 것은 아니다. '쉼'이라는 기능은 야근과 야간 노동을 당연시하고 강요하는 데서는 실행이 어렵다. 단순히 '쉬고 싶다'가 아니라 실제로 야근과 야간 노동을 거부할 수 있는 조건(역량) 속에서야 '쉼'을 택할 수 있다. 그런 역량을 보장하는 사회 속에서야 각 사람은 쉬는 것과 일중독 중 어느 것을 스스로 선택했다고 말할 수 있다. 할 수만 있다면 원했을 소중한 기능을 사람들은 포기하거나 축소하거나 왜곡하게 된다. 사회적, 정치적, 경제적, 신체적 등 여러 제한 요소로 인한 역량의 박탈 때문이다.

"장애인도 이동할 수 있어야 사람도 만나고, 장애인도 이동할 수 있어야 학교에도 가고 연애도 하고 직장도 가질 것 아닙니까?" 박경석 교장 선생님이 이동권 투쟁에서 입에 달고 살던 말이다. "장애인도 이동할 수 있어야."를 무한대로 붙일 수 있는 질문이었다. '사람과의 만남, 친밀감, 관계 맺기'라는 기능을 실현할 수 없는 것은 장애인 개개인의 신체적 제한 요소뿐만 아니라, 이동권에 대한 사회적 제약과 방치, 장애인의 표현에 대한 무시, 정치적 억압 등 역량 박탈 때문이다. 대중교통에 투입된 자원의 총량이나 평균이 아니라, '장애인이 실제로 이동할 수 있고 이동을 통해 될 수 있는 것은 무엇인가?' '장애인이 충분히 인간적인 방식으로 이동할 수 있는가?' 묻자는 것이 바로 역량 접근이다.

이미 '권리'가 있는데 굳이 '역량'이란 것이 필요하냐는 질문이 있을 테다. 물론, 장애인에게 권리가 없는 것은 아니다. 인간다운 생활을 할 역량을 뒷받침 받지 못한 것이다. 사실 한국의 헌법은 기본권 보장으로 가득 차 있다. 장애인이 평등한 권리를 갖지 못한다고 말할 수는 없다. 하지만 효과적인 국가 행위로 뒷받침되지 않기에, 장애인의 인간다운 생활을 할 권리는 종이 위의 권리로 여겨진다. 권리의 보장은 권리를 종이에 써 두는 것 이상의 의미임을 강조하려고, 너스봄은 인간다운 삶에 필수적이고 공공 정책의 계획과 선택에 기여할 구체적인 역량의 목록을 만들었다.

인권의 힘이란, 주변 세상이 뭘 했든 안 했든, 장애인이 인간으로서 가져야만 하는 정당한 요구를 하는 것이다. 반면, 역량의 용어로 생각한다는 것은 누군가에게 권리를 보장한다는 것이 진정 무엇인지 판단할 구체적인 척도를 주는 것이다. 특히 경제적 물질적 권리 분석에서 역량 용어는 사회경제적 약자에게 불평등한 양의 자원을 썼다는 근거, 또한 사회경제적 약자를 완전한 역량으로 이전하는 특별한 프로그램을 만들 근거를 삼기 위해 사용한다. 왜 12시간이 아니라 24시간

활동 지원이 필요한지, 장애인이 할 수 있고 되어야만 하는 기능과 역량을 보장하는 데 왜 그것이 필수적인지 말하기 위해서다.

너스봄은 초문화적인 연구들의 인간 공통 경험에 관한 발견을 요약해 이 목록을 추렸다고 한다. 모든 사람은 죽는다. 사람은 육체를 가지고, 기쁨과 고통을 겪고, 다른 사람들과 잘 관계하고 싶고, 의존과 돌봄을 필요로 한다. 그런 인간의 구체적 경험들에서 공통으로 확인할 수 있는 근원적 필요를 찾았다. 인간 삶과 사회의 무한한 다양성 속에서도 좋은 삶의 추구에 필수적인 기초에 관해서는 정치적으로 합의할 수 있다고 봤다. 사람마다 매우 다양하게 나타날 수 있는 구체화의 자리를 마련해 둬야 하기에, 의도적으로 느슨하고 모호하게 만들었다. 따라서 언제든지 논쟁되고 다시 만들어질 수 있는 열린 목록이다.

너스봄은 어떤 역량 이하로는 인간이 진정으로 기능할 수 없는 하한선을 설정할 수 있다고 봤기에 이런 목록을 만들었다. 그런 역량의 하한선 이상을 시민이 누릴 수 있도록 하는 것이 사회의 목표가 돼야 하고, 국가는 그것을 보장할 적극적 의무가 있으며, 시민에게는 자기 정부에 그것을 요구할 권리가 있다는 것이 그녀 주장의 핵심이다.

우리의 현실은 이와 정반대다. 역량의 하한선을 낮출 대로 낮추고 쥐어짜는 것이 목표가 되고, 국가는 그것을 방관하거나 적극적으로 돕고, 역량의 보장을 요구하는 시민의 권리 행사에는 벌금을 때린다. 이러니 교장 선생님이 온몸으로 울리는 종소리는 "자기 존중과 모욕하지 않는 사회적 토대"를 같이 만들자는 외침이 아닐 수 없다.

— 2014년 4월 3일에 씀

✦ 마사 너스봄의 '핵심적 인간 역량'

1. 생명: 조기 사망 또는 소진되기 전에 죽지 않고 인간의 평균 수명까지 살 수 있을 것.

2. 신체적 건강: 출산 관련 건강 상태를 포함하여, 좋은 건강을 가질 수 있을 것, 충분한 영양 취하기, 적절한 거처 가지기.

3. 신체적 온전성: 자유롭게 장소 이동할 수 있기, 성폭력과 가정 폭력을 포함하여 폭력적인 공격으로부터 안전하기, 성적 만족의 기회를 갖고 출산 문제에서 선택권 가지기.

4. 감각, 상상력, 사상: 감각을 사용하고, 상상하고 생각하고 추론할 수 있기, '진정으로 인간적인' 방식으로 이런 것들을 할 수 있기. (인간적인 방식이란 적절한 교육으로 길러지는 것이고 읽고 쓰는 능력이나 기본적인 수학적·과학적 훈련을 포함하지만 단지 그것에 국한되지는 않는다.) 스스로 선택한, 종교적·문학적·음악적 및 기타의 것을 경험하고 생산하는 일과 사건과의 연결 속에서 상상과 사유할 수 있기, 정치적·예술적 표현 둘 다의 자유와 종교적 행사의 자유의 보장으로 보호되는 방식으로 자신의 정신을 사용할 수 있기, 즐거운 경험을 가질 수 있고 불필요한 고통을 피할 수 있기.

5. 감정: 우리 외부의 사물과 사람들에게 애착을 가질 수 있기, 우리를 사랑하고 돌보는 사람들을 사랑하고 그들의 부재에 슬퍼하기, 일반적으로 사랑하고 슬퍼하고 그리움·고마움·정당한 분노를 경험하기, 공포와 분노에 의해 자신의 감정 발전을 망치지 않기.(이러한 역량을 지지한다는 것은 감정의 발전에 매우 중요한 것으로 인간적 결합의 형태를 지지한다는 걸 뜻한다.)

6. 실천 이성: 선의 개념을 형성하고 자기 삶의 계획에 대한 비판적 성찰을 할 수 있기.(여기에는 양심과 종교의 자유에 대한 보호가 포함된다.)

7. 관계

(a) 타인과 더불어 타인을 향해서 살 수 있기, 타인을 인정하고 관심을 보이기, 다양한 형태의 사회적 상호작용에 참여하기, 타인의 처지를 상상할 수 있기.(이런 역량을 보호한다는 것은 그런 형태의 사회적 관계를 구성하고 발전시키는 제도들과 결사의 자유와 정치적 표현의 자유를 보호한다는 의미다.)

(b) 자기존중과 모욕하지 않는 사회적 토대 가지기, 다른 사람들과 동등한 가치로 존엄한 존재로 대우받을 수 있기.(여기에는 인종, 성, 성적 지향성, 종족, 신분, 종교, 민족에 근거한 비차별 규정이 포함된다.)

8. 인간 외의 종: 동식물, 자연에 대한 관심과 관계 속에서 살 수 있기.

9. 놀이: 웃고, 놀고, 여가 활동을 즐길 수 있기.

10. 자신의 환경에 대한 통제

(a) 정치적: 자기 삶을 다스리는 정치적 결정들에 효과적으로 참여할 수 있기, 정치적 참여의 권리와 자유로운 표현과 결사에 대한 보호 누리기.

(b) 물질적: 재산을 소유할 수 있기, 타인과 동등한 토대 위에서 재산권 갖기, 타인과 동등한 토대 위에서 고용을 추구할 권리 갖기, 원치 않는 수색과 압수로부터 자유롭기, 인간으로서 일할 수 있고 실천 이성을 행사하고 다른 노동자와 상호 인정하는 의미 있는 관계를 맺을 수 있기.

— Martha Nussbaum, Human Rights and Human Capabilities,
Harvard Human Rights Journal Vol.20, 2007

지금도 누군가 우리를 기다린다

+ 시월에 떠난 사람들의 유서

2003년 10월 17일
129일째 굴뚝 위에 홀로 남겨진 이가 있었다.
그는 한 달이 넘도록 유서를 품은 채 세상을 내려다보고 있었다.
그는 누군가 자기 소리를 듣고 달려오기를 기다리고 있었다.

시월도 중순이 지났다. 바람이 매서워졌다. 이맘때면 라디오 음악 채널에서 유독 자주 나오는 노래가 있다. 〈시월의 어느 멋진 날에〉와 〈잊혀진 계절〉. "눈을 뜨기 힘든 가을보다 높은 저 하늘이 기분 좋아 휴일 아침이면 나를 깨운 전화 오늘은 어디서 무얼 할까"라는 가사가 마음을 덥혀 준다면, "지금도 기억하고 있어요 시월의 마지막 밤을 뜻 모를 이야기만 남긴 채 우리는 헤어졌지요 그날의 쓸쓸했던 표정이 그대의 진실인가요"라는 가사는 추억과 슬픔을 부채질한다. 저마다 시월에 관한 사연을 터뜨릴 만한 애틋한 계절, 같이 기억하고 나누어야 할 사연 또한 적지 않다.

주말마다 일하러 가는 식당의 한 동료는 나를 볼 때마다 "그 아줌마

아직도 못 내려왔어?"라고 묻는다. 그 물음에 나는 한숨으로 답할 뿐이다. 그러고는 생각한다. '벌써 일주일이 또 지났구나.' 묻는 이가 의도한 바는 아니라고 생각하지만, '안' 내려온 것과 '못' 내려온 것의 차이는 크다. 김진숙 씨는 '안' 내려온 것이 아니라 '못' 내려오고 있는 것이 맞고, 그것을 정확하게 포착할 수 있었던 질문은 한 사람이 35미터 높이 크레인에서 그리도 오래 살고 있다는 것에 대한 같은 사람으로서의 안타까움에서 나온 것이다.

이번 주에는 그 사람의 마음이 더 무거웠을 것 같다. 8년 전 동료 김주익 씨가 그 크레인에서 목을 맨 날이 이번 주 월요일이었다. 2003년 10월 17일 아침 9시경 129일째 홀로 고공농성 중이던 한진중공업 노조 김주익 위원장이 목을 맨 채 발견됐다. 한진중공업은 2002년 3월부터 인력 체질 개선이라며 전체 노동자 가운데 25퍼센트인 650여 명을 강제 사직시켰고, 그때부터 시작된 임단협 투쟁이 해를 넘겨 계속됐다. 2003년 6월 노동부 중재로 임금 교섭과 해고자 복직, 손배·가압류의 원만한 처리 등이 잠정 합의됐지만 사측의 불이행으로 물거품이 됐다. 이에 김 위원장은 홀로 크레인 위로 올라가 항의 농성을 시작했다. 한진 노동자들은 전면 파업에 들어갔다. 하지만 사측은 파업으로 인한 손해로 노조에게 150억 원 상당의 손해배상 소송을 제기하겠다 했고, 노동자들에게 가정통신문을 보내 미복귀 조합원 모두에게 개별적으로 손해배상을 묻겠다 했다. 이미 앞서 수차례에 걸쳐 손배 소송이 제기됐던 터라 노조는 조합비 전액을, 조합원들은 임금의 절반을, 김 위원장 등 노조 간부들은 살고 있는 집까지 가압류당한 상태였다. 이미 손배·가압류를 통해 사측은 김 위원장의 목에 올가미를 걸고 있었다. 김주익 씨의 사망 현장에서 발견된 유서는 9월 9일자로 되어 있었다. 한 달이 넘도록 유서를 품은 한 사람이 세상을 내려다보며, 누군가 자기 소리를 듣고 달려오기를 기다리고 기다렸을 테다.

같은 해 시월에 떠난 이는 또 있다. 23일에는 대구 세원테크 이해남 지회장이 분신했고, 26일에는 근로복지공단 비정규직 노조 이용석 광주전남 본부장이 "비정규직 차별 철폐하라!"라고 외치면서 비정규 노동자 대회에서 분신했다. 두 분 다 병상에서 사투를 벌이다 운명했다. 이해남 씨는 노조를 결성했다는 이유로 구속과 해고와 수배에 쫓겨야 했고 사측의 노조 파괴 공작에 노조원들은 손배와 가압류에 시달려야 했다. 이용석 씨가 고발한 비정규직 차별은 동료들의 증언에서 터져 나왔다. "정규직의 60퍼센트에 불과한 임금을 받는다." "정규직은 다 받는 식대나 출퇴근 교통비도 받지 못해 스스로 해결해야 한다." "같은 업무를 하는데도 부서 회의 때 부르지 않고 손님 오면 커피를 타는 것에서 사무실 걸레질까지 비정규직의 몫이다." "정규직은 최고 90일까지 받을 수 있는 병가가 비정규직에게는 해당되지 않아 아파서 병원에 가려면 임금 삭감을 감수해야 한다." 끝없는 차별의 사슬이었다.

그렇게 시월에 떠난 그들이 세상에 맞설 당시에 사람들은 세상을 가리켜 '20 대 80'의 세상이라 했다. 몇 년이 지난 지금 전 세계 금융가를 점령하고 있는 시위대들은 '1 대 99'의 싸움을 말하고 있다. 20 대 80이 1 대 99로 변한 것은 돈과 권력이 어디로 쏠렸으며 인간 존엄성이 얼마나 황폐해졌는지 한마디로 증언해 준다. 저마다 다양성은 있다 할지라도 99인 사람들이 오늘날 외치는 것은 '함께 살자'가 아닐까? 함께 살지 않으면 그건 1인 저들이 100을 전부 가지게 되는 세상이 되는 것이고 그건 끝이란 마지막 경고가 아닐까? 김진숙 씨의 크레인은 함께 살아야 할 삶의 가치를 먼저 차지했고 점령했고 수많은 삶을 거기로 불러 모았다. 그에 화답하는 것은 김진숙 씨를 '못' 내려오게 하는 장벽을 철수시키는 것이고, 그게 '함께 살고픈' 사람들이 점령해야 할 첫 번째 고지라는 것을 시월에 떠난 이들의 목소리에서 확인한다.

— 2011년 10월 19일에 씀

✚ 고 김주익 님의 유서

...

노동자가 한 사람의 인간으로 살아가기 위해서는 목숨을 걸어야 하는 나라. 그런데도 자본가들과 썩어빠진 정치꾼들은 강성 노조 때문에 나라가 망한다고 아우성이다.

1년 당기 순이익의 1.5배, 2.5배를 주주들에게 배당하는 경영진들, 그러면서 노동자들에게 회사가 어렵다고 임금 동결을 강요하는 경영진들. 그토록 어렵다는 회사의 회장은 얼마인지도 알 수 없는 거액의 연봉에다 50억 원 정도의 배당금까지 챙겨 가고 또 1년에 3500억 원의 부채까지 갚는다고 한다.

이러한 회사에서 강요하는 임금 동결을 어느 노동조합, 어느 조합원이 받아들이겠는가.

이 회사에 들어온 지 만 21년, 그런데 한 달 기본급 105만 원, 그중 세금 등을 공제하고 나면 남는 것은 80여만 원.

근속 연수가 많아질수록 생활이 조금씩이라도 나아져야 할 텐데 햇수가 더할수록 더욱 더 쪼들리고 앞날이 막막한데, 이놈의 보수 언론들은 입만 열면 노동조합 때문에 나라가 망한다고 난리니 노동자는 다 굶어 죽어야 한단 말인가.

이번 투쟁에서 우리가 패배한다면 어차피 나를 포함해서 수많은 사람들이 죽을 수밖에 없을 것이다. 하지만 나 한 사람이 죽어서 많은 동지들을 살릴 수가 있다면 그 길을 택할 수밖에 없지 않겠는가.

...

　그동안 부족한 나를 믿고 함께해 준 모든 동지들에게 고맙고 또 미안할 따름이다. 그렇지만 사람은 태어나면 죽는 것, 40년의 인생이었지만 남들보다 조금 빨리 가는 것뿐, 결코 후회는 하지 않는다.

　그리고 노동조합 활동을 하면서 집사람과 아이들에게 무엇 하나 해 준 것도 없는데 이렇게 헤어지게 되어서 무어라 할 말이 없다. 아이들에게 휠리스인지 뭔지를 집에 가면 사주겠다고 크레인에 올라온 지 며칠 안 되어서 약속을 했는데 그 약속조차 지키지 못해서 정말 미안하다. ...

✛ 고 이용석 님의 유서

...

　32년 평생 동안 우리 공부방 어린 학생들이 어려운 환경 속에서 희망을 잃지 않은 그들이 내 삶의 스승이자 등대였습니다. 내 어두운 미래와 긴 터널 속에서 나를 빛으로 깨우게 한 나의 동반자였습니다.

...

동지 여러분!

우리가 모인 이 자체가 노동자로서 승리입니다.

직원을 탈피한 진정한 노동자로서 삶이 이루어진 것입니다.

이 자리 함께하지 못한 동지들의 몫까지 우리가 싸워야 합니다. 노예

문서 같은 비정규직 관리 세칙을 파기하고, 고용 안정을 외치는 우리의 요구는 당연한 것이며 마땅히 쟁취해야 합니다.

"나 하나쯤이야." 하는 생각을 버리고 나만, 우리만 함께한다면 반드시 우리는 승리할 것입니다.

오늘 이 모인 자리를 자축하며 즐겁게 투쟁합시다.

동지 여러분!

우린 정말 순수하고 자주적으로 일어섰습니다.

임금 투쟁은 매년마다 할 수 있지만 기본 없는 노동조합은 결국 쉽게 어용화될 수밖에 없습니다.

오늘 우리가 함께 선 이 자리 이 시간들의 의미를 잃지 않기를 부탁 드립니다. 짐을 챙겨 떠날 때 그날 어머님이 시골에서 오신다는 말을 듣고도 차마 얼굴을 뵙지 못한 게 미안합니다.

…

동지 여러분!

하나가 모여 둘이 되고 둘이 모여 넷이 되듯, 모든 것을 한꺼번에 이루려 해서는 안 될 것입니다.

100이 되지 않더라도 정당한 길을 간다면 그 뜻을 이룰 것입니다.

오늘 다 함께하지 못함이 내일을 바라볼 수 있는 기약이라 생각하십시오.

오늘 동지들이 모여 있음이 자신과의 싸움에 승리하였음을 알아야 할 것입니다.

우린 정당하고 새로운 길을 찾았음이 꼭 승리하였습니다.

✛ 고 이해남 님의 유서

노동자가 가진 것 없고 배운 것도 없어 몸 하나에 인생을 의지하고 살면서 정말로 인간답게 살아 보자고 법에서도 보장된 노동조합을 만들었다. 그런데, 우리도 인간답게 살려고 나름대로 열심히 투쟁했고 투쟁한 대가로 구속도 되었고 해고도 되었다. 노동자가 법에서도 보장된 노동조합 활동을 한다는 한 가지 이유만으로 구속되고, 수배되고, 해고되는 정말로 웃기는 나라에서 더 이상은 살아갈 희망을 갖지 못할 것 같다.

…

마지막 바램이 있다면, 내 한 몸 희생으로 노동탄압, 구속, 수배, 해고, 가압류라는 것들은 정말 없어지기를 바랄 뿐이다.

…

사랑하는 가족에게

…

여보! 나중에 인호, 경호가 크면 이 아빠의 마음을 이해할 거야. 지금은 아직 어리니까 이 못난 아빠를 야속하게 생각하겠지. 힘들고 어렵더라도 두 아들이 있지 않소? 경호는 듬직하고 의젓해서 믿을 만하고, 인호는 개구쟁이지만 손재주도 많고 영특해서 나중에 잘 될 것 같고. 여보! 나 없더라도 우리 조합원들이 잘 챙겨 줄 거야. 1주일에 한 번쯤은 애들 목욕 부탁도 하고.

인호야! 경호야! 정말 미안해… 못난 아빠 용서해 주렴. 그리고 모레가 인호 생일인데, 같이 못해 미안하다. 인호야. 아빠가 하늘나라에서 너희

들 자라는 모습 지켜볼게. 안녕.

...

대통령에게

...

"법은 모든 국민에게 평등하다." 정말로 웃기는 얘기 아닙니까? 돈 있고 빽 있는 놈들은 수천억을 해 쳐 먹고도 검찰에 출두해서 며칠 콩밥 먹고 나오면 그만이고, 가난하고 힘없는 노동자들, 농민들, 빈민들은 생존권 사수를 위해 투쟁했다는 이유로 몇 년씩 구속되고, 수배되고, 가정까지 파탄되는 지금의 이 나라 현실이 아닙니까?

...

얼마나 많은 노동자들이 죽어야 이 나라의 노동정책이 바뀔 수 있겠습니까? 더 이상은 안 됩니다. 제가 마지막 희생자가 돼야 합니다. 노동자들과 대화는 외면한 채 오로지 노동자 죽이기로 일관하고 있는 악질 기업주들에 대해서 반드시 정부 차원의 대응이 있어야 합니다. 그것만이 이 나라의 경제를 살리는 길이란 것을 아셔야 합니다.

· 응답받을 권리, 응답할 의무

오래전 영화에서 주인공은 "나, 다시 돌아갈래."를 외쳤고, 요즘 사람들은 "리셋하고 싶다."라는 말을 자주 하는 것 같다. 뭔가 이대로는 안 될 것 같고, 불의와 불평등으로 꽉 막힌 벽 앞에서 문을 찾는 맘으로 하는 말일 테다. 한 치 앞을 가늠하고 계획할 수 없는 불안한 삶에서 시계만 안정적으로 똑딱거린다. 누군가 답을 줬으면 좋겠는데 정부나 정치인이나 번지수 잘못 찾은 답을 폭탄처럼 투하하고, 답이 없으니 나도 대꾸하지 않겠다는 주변의 침묵만 깊어 간다.

보낸 신호에 대꾸가 없는 것처럼 답답한 것은 없다. 내가 보낸 메시지에 당장 응답이 없으면 안절부절못한다. 하지만 누군가 보낸 메시지에는 답을 미루거나 무시하거나 심지어 삭제 버튼을 누르기도 한다. 서로 그러다 보면 데면데면해지고 아예 접속을 않게 된다. 인권에서도 마찬가지다. 인권에 대한 호소는 간절히 응답을 원한다. 하지만 누군가 응답할 의무와 책임을 지지 않으면, 인권의 이행이 지체되거나 무시되고 심지어 인권의 요구 자체가 억압받는다. 인권이 작동하려면 응답받을 권리와 응답할 책임이 짝을 이뤄야 한다.

응답받을 권리는 최근 새롭게 떠오른 인권 목록이 되었다. 가칭 '국제연대의 권리'라는 이름으로다. 2005년 유엔인권이사회는 '인권과 국제연대에 관한 독립 전문가'를 특별 절차 중 하나로 신설했다. 독립 전문가의 수임사항 중 하나는 '국제연대의 권리 선언'의 초안을 작성하는 것이었다. 독립 전문가 버지니아 비 단단은 2014년 6월, 이 선언의 초안을 유엔인권이사회에 제출했다. 공인된 국제 인권 기준으로 채택되기까지 더 많은 과정을 거쳐야겠지만, 이 초안을 통해 이 시대에 요구되는 연대의 내용을 살펴볼 수 있다.

먼저 초안은 국제연대를 "공동의 목적을 성취하기 위한 관심, 목표, 행동의 수렴"(제1조)으로 정의한다. '공동의 목적'이란 '2015년 너머 유엔 발전 의제'로 고려되는 목표들에서 구체적인 내용을 유추할 수 있다. 가령, 모든 사람을 안고 가는 경제 성장, 모든 사람에게 완전하고 생산적인 고용과 존엄한 노동, 도시와 인간 거주지를 모든 사람을 포괄하는 안전하고 활기차고 지속가능한 곳으로 만들기, 생태계를 보호하고 회복하며 지속가능성을 증진하기, 감당할 수 있고 믿을 수 있고 지속가능한 에너지를 모든 사람이 이용할 수 있기 등이다.

초안은 국제연대의 권리를 기본적 인권(제5조 1항)이라고 명시했다. 그런데 이 권리가 새삼스러운 것은 아니다. 이미 있는 국제 인권 조약들에서 모아 낸 것이고 특히 "권리와 자유가 완전히 실현될 수 있는 사회적 국제적 질서에 대한 권리가 모든 사람에게 있음을 확인하는 세계인권선언 위에 국제연대의 기둥이 세워져 있음을 확인"(전문)했다. '국제'연대임을 강조한 것은 모든 사람이 자기 영토 안에서나 밖에서나, 국경을 넘어 보장받아야 할 것이 인권이고, 우리가 당면한 문제들 또한 국경과 무관하게 지구적으로 도전받고 있는 문제라는 점에서다.

초안은 '국제연대의 권리'의 주체를 "민족들과 개인들(peoples and individuals)"로 규정하는데, 여기서 말하는 '민족들'에는 원주민과 소수민족처럼 익숙한 패러다임만이 아니라 그 패러다임 바깥의 사람들도 포함된다. 가령 "더 큰 시민사회와 조직들 속에서 대표될 수 없거나 불충분하게 대표되며 고립되어진 지역 및 풀뿌리 집단들, 초국적 및 이산하여 다른 나라에 사는 집단 등 국경을 초월하는 사회 영역의 집단들"이다. 또 "국내 및 국제적 활동 모두에 동시에 참여하는 사람들, 공유하는 가치와 담론으로 묶인 사람들, 정보와 서비스의 촘촘한 교환에 연루된 사람들을 포함하는 초국적인 인권 옹호 네트워크, 지리적으로 떨어져 있지만 인터넷과 디지털 매체를 통해 연결되고 더불어 유사한 세계관을 발전시키는 개인들의 가상의 공동체들"(제6조)도 '국제연대의 권리'의 주체라고 했다.

권리의 주체가 있으면 의무를 지는 쪽이 있어야 한다. 초안은 "국제연대에 대한 권리의 의무 부담자는 우선적으로 정부"(제8조)라고 규정했다. "정부의 의무와 유사하거나 보완적인" 의무를 지는 비-국가 행위자(제8조)도 중요한 의무 부담자인데, 특히 "국경 바깥에서의 활동을 포함하여, 자국의 관할권 내 사기업의 행위와 태만에 대한 국가의 책무성"(제2조)에 비춰볼 때 사기업의 "윤리적 책임과 행동 규범 준수"의 의무도 중요하다. 여기서 말하는 의무는 정부가 비준한 국제인권조약에 따른 법적 의무이고 지역 및 국제적 차원에서 합의한 약속과 결정에 따른 의무다. 정부, 그리고 강력한 힘을 가진 사기업 등에게 의무를 준수하도록 하려면 나와 같은 보통 사람, 그리고 권리의 주체인 사람의 참여와 기여가 필수적이다. 초안은 인권의 실현을 위한 참여와 기여를 또한 '권리'(제5조 2항)라고 표현했다. 연대에 대한 권리는 곧 연대할 책임과 한 쌍인 것이다. 같은 동전의 이면을 가리키는 말이다.

리셋이 개인적으로나 세계적으로나 필요한 때다. 초안 제12조에는 정부가 '하지 말아야 할 것들'의 목록이 담겨 있다. 하나같이 내 정부가 이 땅에서 또 국경 밖에서 벌이고 있는 일들이다. 맞잡은 손으로 같이 정지 버튼을 누르지 않으면, 공동의 미래를 꿈꾸기 어렵다. 방관과 묵인이 가장 쉽다. 아무것도 안 하면 되기 때문이다. 방관은 결국 반-인권 행위에 대한 동조와 같지만, 동조에 대한 양심의 각성도 결국 각성하는 사람의 몫이다. '지금 내 손으로 바꾸는 것이 가능하겠는가?'라는 의심도 역시 각성하는 자의 몫이다. 나와 우리가 아무것도 요구하지 않는데 정부나 기업이 정의를 실현할 리는 없다. 누군가 같이 버튼을 누르면 조금은 덜 무섭지 않을까? 조금은 더 세게 누를 수 있지 않을까? 소리쳐 부르고 호출에 응답하는 것이 시작이다. 호출과 응답이 나와 같은 보통 사람들의 권리이자 정치적 책임이다.

— 2015년 3월 26일에 씀

국제연대의 권리에 관한 선언 제안문

...

인류 가족 모든 구성원의 평등하고 양도 불가능한 권리를 인정하며, 모든 인간은 자유롭게 태어나 존엄성과 권리에서 평등함을 선언하며, 권리와 자유가 완전히 실현될 수 있는 사회적 국제적 질서에 대한 권리가 모든 사람에게 있음을 확인하는 세계인권선언 위에 국제연대의 기둥이 세워져 있음을 확인하며, ...

국제연대는 국제적 지원과 협력, 원조, 자선 또는 인도주의적 지원에 국한되지 않는 광의의 원칙으로 국제 관계의 지속가능성, 특히 국제적 경제 관계, 국제 사회 모든 구성원의 평화로운 공존, 평등한 동반자 관계, 이익과 부담의 공정한 공유를 포함한다.

...

지구화가 또한 국가 간 격차를 확대하고, 광범위한 빈곤과 불평등, 실업, 사회적 해체, 환경 위험을 동반한 것에 유념하며, ...

국제연대는 개인·집단·국가 간 관계를 상호적으로 강화하는 기본적 개념임을 강조하며, ...

현재의 지구적 도전을 극복하고, '2015년 너머 유엔 발전 의제'의 성취로 나아가고, 모든 사람에게 인권의 완전한 실현을 성취하는 것은 국제연대에 결정적으로 달려 있음을 확신하며 다음과 같이 선언한다.

제1조

1. 국제연대는 민족들, 개인들, 국가들, 국제 조직들 사이에 질서를 유지하고, 국제 사회의 생존을 보장하고, 평화와 안전, 발전과 인권을 이행하고 실천해야 하는 의무들의 국제 규범 체계에 기초하여, 국제적 협력과 집합적 행동을 요구하는 공동의 목적을 성취하기 위한 관심, 목표, 행동의 수렴으로 이해돼야 한다. ...

제2조

국제연대는 다음의 원칙에 근거해야 한다.

...

(g) 자국의 외교 정책, 쌍무 협약, 지역 및 국제 협약, 협력 관계에 관련하여 자국민에 대한 국가의 책무성.

(h) 자국이 회원국인 국제 조직의 행위에 대한 국가의 책무성은 영외적용 의무를 포함하여, 국가의 국제적 인권 의무에 부응해야만 한다.

(i) 국경 바깥에서의 활동을 포함하여, 자국의 관할권 내 사기업의 행위와 태만에 대한 국가의 책무성.

...

제3조

국제연대의 핵심 특질은 다음과 같은 것이어야 한다.

(a) 예방적 연대는 모든 인권의 실현을 보호하고 보장할 집합적 행위로 규정되는 것으로, 정부가 국제법에 따른 자국의 의무를 완전히 존중하고 준수할 것을 뜻한다. 민족들, 개인들, 시민 사회와 그 조직의 경우에는 그와 관련된 활동을 통해 국가의 노력을 보완해야 한다. 예방적 연대는 국제연대 및 세대 간 연대 둘 다에 필수적이며, 국가의 인권 의무, 특히 핵심 의무의 이행에서 국제 협력과 지원을 제공하고 구할 정부 의무의 중대한 요소다.

제5조

1. 국제연대의 권리는 민족들과 개인들이 향유할 자유를 가진 기본적인 인권으로 이해돼야 한다. 연대권은 평등과 비차별, 정의롭고 공정한 국제 정치 및 경제 질서와 더불어 조화로운 국제 사회의 혜택 위에 기초하는 것으로, 이런 질서 속에서 모든 인권과 기본적 자유가 완전히 실현될 수 있다.

2. 모든 사람이 공통으로 갖는 타고난 권리이며, 문화적 다양성, 그리고 언어, 종교, 민족적 또는 사회적 출신, 재산, 출생 또는 기타의 지위의 차이를 가로질러 민족들과 개인들을 연대로 묶어 주는 인권은 모든 사람에게 국제연대에 대한 권리를 행사하고 향유할 자유, 그리고 적용 가능한 국제 인권 기준에 따라 인권의 완전한 실현에 참여하고 기여할 권리를 준다.

3. 국제연대에 대한 권리는 핵심적인 경제적 사회적 문화적 권리, 시민적 정치적 권리, 발전에 대한 권리와 국제 노동 기준을 반영하는 국제 인권 조약으로 이미 규범화된 자유와 권리들에서 도출한 것이며, 쌍무 및 다자간, 지역 및 국제적 차원의 다양한 관련 분야의 자발적인 약속과 결정에서 도출된 기타의 책임들로 보완된다.

제6조

1. 국제연대에 대한 권리의 보유자는 원주민과 소수 민족 등 개인들과 민족들, 그리고 자기 동일성을 가진 인구 또는 국가를 포함한 타자에 의해 식별되는 정체성을 갖는 인구 속의 시민 사회 집단과 조직 등을 포함해야 한다.

2. 권리 보유자는 또한 지배적인 패러다임 바깥에 있지만, 그럼에도 유사한 가치나 관심사를 공유하며 다음과 같은 방식으로 구성되는 사람들도 포함해야 한다.

(a) 더 큰 시민 사회와 조직들 속에서 대표될 수 없거나 불충분하게 대표되며 고립되어진 지역 및 풀뿌리 집단들.

(b) 초국적 및 이산하여 다른 나라에 사는 집단 등 국경을 초월하는 사회 영역의 집단들.

(c) 국내 및 국제적 활동 모두에 동시에 참여하는 사람들, 공유하는 가치와 담론으로 묶인 사람들, 정보와 서비스의 촘촘한 교환에 연루된 사람들을 포함하는 초국적인 인권 옹호 네트워크.

(d) 지리적으로 떨어져 있지만 그럼에도 인터넷과 디지털 매체를 통해 연결되고 더불어 유사한 세계관을 발전시키는 개인들의 가상의 공동체들.

…

제8조

1. 국제연대의 권리의 의무 부담자는 우선적으로 정부이며, 민족들과 개인들과 같이 일하는 비-국가 행위자들 또한 책임을 갖는다. 이런 책임의 상당수는 정부의 의무와 유사하거나 보완적일 수 있다.

2. 정부는 자국이 비준한 국제 인권 조약 그리고 지역 및 국제적 차원에서 합의한 약속과 결정에 따른 의무를 지켜야 한다.

3. 비-국가 행위자들은 윤리적 책임과 행동 규범을 준수해야 하고 국제연대에 대한 민족들과 개인들의 권리를 존중해야 한다.

…

제9조

1. 국제 협약과 관련 기준을 정교화하고 이행하는 데 정부는 자국의 인권 의무, 특히, 국제 무역, 투자, 금융, 조세, 기후 변화, 환경 보호, 인도주의적 구제와 지원, 발전 협력과 안전에 관련된 문제에 대한 인권 의무를 철저히 준수하는 절차와 결과를 보장

해야 한다.

2. 정부는 자국민과 협의하기 위하여 적절하고 투명하며 포괄적인 행동을 취해야 하며, 국가적, 쌍무적, 지역적 국제적 차원에 합의한 결정에 대해, 특히 국민 생활에 영향을 끼치는 문제에 대해 국민에게 철저히 알려야 한다.

...

제11조

1. 정부는 다음과 관련된 지구적 도전에 대한 대응에서 국제 협력과 모든 동반 관계에 대해 인권에 기반을 둔 접근을 이행해야 한다.

(a) 지구적 거버넌스, 기후 변화 영역에서의 규제와 유지 가능성, 인도주의적 구제와 지원, 무역, 금융, 조세, 부채 경감, 개발 도상국으로의 기술 이전, 사회적 보호, 보편적인 건강보험, 출산과 성 건강, 모든 사람에 대한 무상 교육, 인권 교육, 이주, 노동, 유독성 폐기물 투매, 초국적 범죄 등.

(b) 성 권력 관계를 포함하여 구조적인 불평등을 다루기 위한 참여적인 지구적 거버넌스.

(c) 민족들과 개인들에 중심을 둔 발전을 가능케 하는 지구적 환경 만들어 내기.

...

제12조

국제연대의 권리는 다음을 포함하여, 적용 가능한 국제 인권법이 요구하는 특정한 금지의 의무를 국가들에 부과한다.

(a) 민족들의 생계 또는 기타의 권리를 손상할 자유 무역 협정 또는 투자 조약을 채택하지 않기.

(b) 인권의 행사와 향유를 방해하거나 어렵게 만드는 조건을 국제 협력에 달지 않기.

(c) 생명을 구하는 약제, 그리고 의학과 과학의 진보의 혜택에 대한 접근을 그 누구에게도 거부하지 않기.

(d) 비정상적인 무기 거래 하지 않기.

(e) 정보와 커뮤니케이션 기술에 대한 접근을 방해하지 않기.

(f) 지구 온난화를 증가시키거나 원인이 되지 않기.

(g) 자연 자원을 고갈시키거나 돌이킬 수 없는 해를 유발하지 않기.

(h) 인류 공동의 유산을 해치지 않기.
(i) 미래세대의 권리를 손상하지 않기.

— Proposed draft declaration on the right of peoples and individuals to
international solidarity, 유엔문서번호 A/HRC/26/34(2014)

November

통장에 잔고가 떨어지듯 남은 달력을 넘기기 힘든 달,
이것저것 결산하기 시작하는 데 남는 게 없는 달.

권리는 자유와 평등을 이면으로 하는 한 개의 동전이다.
갖은 '권리'를 정한 기준은 넘치는데,
왜 이 권리의 동전은 유통되지 않을까?
왜 누군가의 서랍에서 잠자고 있을까?
나는 왜 그 권리를 만져 볼 수 없을까?

권리를 유통할 동력이 부족해서는 아닐까?
타자를 향한 관심, 연민, 환대.
이런 동력이어야 권리가 유통되지 않을까?

우리는 기계가 아니다

+ 조영래, 〈노동자의 불꽃〉

"우리는 기계가 아니다."
1970년 11월 13일 청계천 6가 평화시장에서
500여 명의 노동자가 거리시위를 벌였다.
22살의 청년 전태일은 몸을 불사르며 외쳤다.
"근로기준법을 지켜라." "일요일은 쉬게 하라."

　국정원의 선거 유린과 국정조사, NLL(북방한계선) 논란이 얽히고설켜 돌아가고 있다. 국가 최고 정보기관이 직원들에게 아이디를 돌려가며 댓글을 달게 했다는 것도 놀라운데, 제 기관의 명예를 위한답시고 할 말, 안 할 말 죄다 뱉어 내고 있으니 민주 국가의 기본에 분탕질이 아닐 수 없다. 위기를 모면하려는 쇼가 아니라, 당연히 제대로 된 국정조사를 해야 한다. 그런데 그보다 오래됐고 절박성에 모자람 없는 쌍용차 국정조사와 24시간 인권에 대한 전쟁이 선포되고 있는 대한문의 상황은 어찌하겠다는 건지 말이 없다.

　'노동자'라는 단어조차 껄끄럽게 여겨지는 까칠한 사회라서, 노동자의 요구는 '투박'하고 '과격'한 것으로 외면된다. 그렇다면 이 사회를 지배하고 있는 참으로 '세련'되고 '온건'한 것들 속에는 왜 곪디곪은 문제들의 처방전이 들어 있지 않을까? 부당하고 조작가능성이 짙은 '정리해고'에 '노동 유연화'니 '구조 조정'이니 '경영 효율성' 같은 말을 쓰면 '해고는 살인'이라는 고통이 완화되는가? 자본가와 노동자란 관계는 껄끄럽지만 이 사회에서 대부분이 맺어야 하는 기본 관계다. 이 관계조차 인정하기를 거부하면서 "너는 노동자가 아니라 개인 사업자다." "내가 널 고용한 게 아니고 단순 사용자일 뿐"이라 손사래 치는 이들은 그럼 '가짜 자본가'라고 불러야 할까?

민주주의는 평등한 관계의 시민을 전제로 하고, 그 시민 대부분은 누군가에게 노동력을 제공한 대가로 먹고사는 노동자다. 이들 노동자가 시민 대접을 받지 못한다는 건 시민의 평등성에 대단한 문제가 생겼다는 적신호고, 노동자라는 단어에 경기를 일으킨다는 것은 노동자라는 천대받는 신분이 따로 존재한다고 용인한다는 뜻이다. 민주주의를 국회의사당이나 청와대 지붕만 바라보는 곳에 놓고 관망하며 내가 일하며 사람과 직접 부딪치는 삶의 무대를 외면한다는 것이다. 가끔 촛불을 들고 광장으로 나설 수도 있겠지만, 광장을 벗어나는 순간 삶의 무대에는 어떤 불빛도 없이 캄캄하다.

그 어둠 속에서 최근 서울구치소 수인번호 111번으로 불리게 된 노동자가 있다. 그의 이름은 김정우, 쌍용자동차 노조의 지부장이다.

구속 전 마지막으로 본 그의 표정은 소풍 나온 아이 같았다. 서울시청 광장에서 쌍용차 해고자들이 만든 자동차를 선보이는 날이었기 때문이다. 그는 말없이 하이파이브를 청해 왔고 나도 말없이 힘껏 손바

닥을 마주쳐 주었다. 세상에 하나뿐인 차를 배경으로 무릎을 꼬고 머리를 돌려 젖히는 등 노동자들이 한껏 자세를 취했다. "우와! 정말 자동차 모델 같다. 광고 많이 봤나 봐?" 터지는 웃음 속에 쏟아지는 카메라 세례가 노래했다. 더도 말고 덜도 말고 오늘만 같아라.

그와 동료들이 모처럼 웃어 본 지 불과 이틀 만에, 노동자 잡으려고 일부러 날을 잡았는지 6. 10 민주항쟁 26주년을 맞는 날 아침 대한문 쌍용차 분향소도 그 건너편 재능 농성장도 박살이 났다. 이미 여러 차례 철거를 겪어 천막도 없고 길바닥에 몸뚱어리로 버티고 있을 뿐인데 그마저도 밀어 버렸다. "쓰레기 치우라."라는 폭언과 함께 사람의 몸으로 만든 분향소가 짓이겨졌고 저항하는 이들은 사지가 들려 끌려갔다.

숱한 탄원과 비판에도 아랑곳없이 김정우에게는 덜컥 구속영장이, 원세훈에게는 달랑 불구속이 떨어졌다. 김정우는 부당한 정리해고의 국정조사를 요구하며 비명에 간 24명의 죽음을 추모하는 노동자고, 원세훈은 지금 논란이 되고 있는 해괴한 일들을 벌인 전직 국가 최고 정보기관의 수장이다. 이 사건이나 그 책임자는 안개에 싸인 국정조사 전망 속에서 '아직까지' 무사 항해 중이고, 배에 구멍 났다 소리치며 제 몸으로 물 퍼내던 이들은 패대기쳐졌다.

김정우에게 구속영장이 떨어졌다는 그 밤은 참 무더웠다. 겉은 끈적거리고 속도 답답하여 창문을 열고 자리라 맘먹었다. 그런데 웬걸, 발자국 소리·말다툼 소리·경적 소리…… 새벽이 되도록 도시의 소음은 잠들 줄 몰랐다. 도무지 잠을 이룰 수 없어 신경질적으로 창문을 걸어 잠그다 멈칫했다. "악취와 소음 속 비닐 움막 생활 참 처참하지.

그래도 포기 못 해. 우리가 이길 거니까."라던 김정우의 말이 떠올랐기 때문이다. 그의 구호는 "함께 살자."이고 그것을 위해 그는 41일을 굶었고, 그의 동료들은 171일을 송전탑 위에서 보냈다. 쌍용차 해고자들뿐 아니라 재능교육, 현대차 비정규직 등 길바닥에서 잠을 자 온 사람이 숱하다. 지금도 경찰의 괴롭힘 속에 앉지도 눕지도 못하고 거리에서 밤을 보내고 있을 사람들, 도시의 소음과 경찰 폭력은 그들의 잠도 꿈도 앗아 갔을 터, 낮에 본 그들의 퉁퉁 부은 얼굴이 떠올랐다. 신이 될 수 있다면, 고요하고 평화로운 밤과 잠의 신을 꿈꿀 것이다. 잠까지 빼앗는 지금의 정치는 참 무능하고 썩었다.

그렇게 한밤중에 서성이는데 한 글귀가 눈에 꽂혔다. "진실을 영원히 감옥에 가두어 둘 수는 없습니다." 인권변호사의 대명사로 여겨지는 조영래 변호사의 유고집 제목이었다. 그가 쓴 《어느 청년 노동자의 삶과 죽음》(아주 나중에야 《전태일 평전》으로 알려졌다.)이 워낙 강렬한 것이어서, 다른 글을 유심히 본 적은 없었다. "박해를 각오하고 발언할 수 있는 국민은 민주주의를 하기에 필요·충분한 자격을 갖추고 있는 것"이라며 "요사이 얼마 동안의 우울한 일들에만 사로잡혀 지나치게 낙담할 것은 없다. 원래 동트기 직전이 가장 어두운 법이 아닌가."라고 토닥여 준다. 하나같이 요즘 우리 심정을 정말 잘 알고 쓴 글 같았다. 뒤적이다 보니 변론문과 칼럼만 있는 게 아니라 시도 있었다.

오늘 읽어 볼 인권문헌은 바로 이 시 〈노동자의 불꽃〉이다. '노동자의 어머니' 이소선 어머니마저 잡혀가고, 노동자의 처지가 몰릴 대로 몰린 지경에서 쓴 시라고 한다. 제목이나 문투나 오늘의 세련되고 온건한 기준으로 보면 참 투박하고 과격하다. 하지만 수십 년의 시차가난다는 게 별로 실감나지 않는다. 이 시의 구절마다에 지금 벌어지고 있는 일들을 그대로 대입해도 별 무리가 없어 보인다.

청년들은 시급 5000원도 못 되는 시간제 일자리를 나쁜 일자리라 외쳤다고 끌려가고, 소상인들은 포식의 끝을 모르는 재벌 때문에 골목귀퉁이에서 신음하고, 국정원 선거 개입 논란을 보도조차 안 하는 언론에 맞서 쫓겨난 언론인들은 동분서주하고, 강정부터 밀양까지 소위 국책 사업에 절규하는데, 4대강 사업이나 부정 축재와 세금 도피자들의 뒤치다꺼리까지 우리가 떠안아야 하고 이를 책임져야 할 정치는 보이지 않는다. 대통령의 침묵도 그렇거니와 불난 집을 앞에 놓고 장판 밑에 숨겨 놓은 제 돈 걱정만 하는 듯한 야당의 태도 또한 역겹기는 마찬가지다.

하지만 이 시에서 느낀 현재성은 고통받고 있는 현실이 비슷해서만은 아니다. 그 현실을 묵인하지도 침묵하지도 않고 계속 맞서는 삶이 있기 때문이다. 이 시의 제목이 노동자의 '절망'이 아니라 노동자의 '불꽃'인 이유가 거기에 있다고 나는 생각한다. 그리고 우리의 인식도 실천도 많이 달라졌다. 노동자 전태일과 지식인 조영래라는 예전 식의 구분 없이, 그 밖의 또 다른 구분을 앞세우지 않고도 "악에 대한 공통 인식"으로 우리는 만날 수 있다. 노동자의 투박한 구호가 불편하더라도 그들이 내미는 하이파이브에 손 마주쳐 줄 박수의 내용은 다양할 수 있다.

숱한 시민의 후원 속에 쌍용차 해고자들이 차를 만들던 그 과정을 돌이켜본다. 우리가 해야 할 정치를 그 과정에 비춰 상상해 본다. 우리는 그냥 돈을 위해 일하는 사람만이 아니라 동료와 관계가 필요한 사람들이라는 것, 삶의 무대에 불을 밝히기 위해 서로 대화해야 하는 존재라는 것, 그런 관계에 대한 인정이 우리가 할 정치의 시작이라는 것을 말이다. 그들은 일을 위해 도구들을 가지런히 정리해 놓고 서로의 호흡을 느끼며 작업을 했다. 그렇게 차를 만드는 과정처럼 지금 수많은 현장에서 곳곳의 거리에서 작업이 벌어지고 있다. 민주주의의 멈춘 시동을 걸려고 맨손으로 힘 모아 미는 사람들이 있다. 국회도 언론도 법원도 대통령도 다 뛰어나와 같이 밀든가, 아니면 열쇠를 내줘야 한다. 우리의 삶에 시동을 걸 수 있도록.

— 2013년 6월 26일에 씀

+ 노동자의 불꽃 — 아아, 전태일

저
처절한 불길을 보라
저기서 노동자의
아픔이 탄다
저기서 노동자의 오랜
억압과 죽음이 탄다
아아, 노예의 호적은 불살라지고
끝없는 망설임도 마침내 끊겨버린
저기서
노동자의 의지가
노동자의 저항이
노동자의 자유가
불타오른다

…

하늘 땅 열리실 제 삼라만상 생겨나니
모든 생명 귀한 중에 사람이 으뜸이라
한덩어리 지구 위에 한핏줄 타고나니
사람 위에 사람 없고 사람 밑에 사람 없네

사람이 사람을 학대할 권리 없고
사람이 사람을 억누를 수 절대 없어
이를 두고 예로부터 자유·평등 일컬었네
땀흘려 일하는 자 일한 몫을 거두고
뜻밖에 불행한 자 모두 도와 함께 사니
인류의 오랜 꿈인 정의·사랑 참뜻일세

어둡다, 이 땅 위의 오늘 현실 바라보라
민주주의 파괴되니 약자 인권 짓밟히고
자유·평등·정의·사랑 공염불로 타락하네
천하는 천하의 것 1인의 것 아니건만
한 사람이 모든 것을 제멋대로 결정하니
법률도 제멋대로 재판도 제멋대로
언론자유 탄압하고 학원 교회 억누르며
약한 자를 대변하면 반공법에 묶어가고
강자 횡포 비판하면 긴급조치 묶어가니
진리는 철창 속에 거짓은 옥좌 위에
거짓이 진리보고 "뉘우치라" 조롱하고
총칼이 양심에게 침묵을 강요하니
온세상이 캄캄한 어둠 속에 휩싸이고
어용야당 어용노조 어용신문 어용방송
어용종교 어용예술 어용학자 어용교수
제세상 만난 듯이 온갖 잡귀 판을 치며

이 속에서 약육강식 온갖 비극 일어난다

…

특혜받는 대재벌들 반사회적 거동 보소
신문에 이름 내는 성금낼 땐 후하면서
노동자 임금에는 어찌 그리 박하던가
…

수단방법 안 가리고 부당폭리 추구하니
아이스크림 화장품에 호텔까지 손을 뻗쳐
중소기업 목조르고 자원낭비 조장하기
은행이란 은행돈은 모조리 제 차지라
싼 이자로 융자받아 비싼 이자 사채놀이
국내시장 독점하여 초과이윤 거저 먹기
중소기업 해외시장 덤핑으로 가로채기
부동산에 투자하여 집값 땅값 올려놓기
하청기업 농락하여 도산시켜 잡아먹기
수입하며 외화도피 수출하며 외화도피
밤낮으로 생각느니 탈세와 외화도피

…

형제자매 노동자여 억울하다 우리 실정

멸시와 핍박 아래 기계취급 당해가며
노예처럼 혹사받고 병들어 가면서도
경제정책 모든 실패 우리에게만 전가되니
수출상품 경쟁력도 저임금 바탕 위에
물가인상 억제책도 저임금 바탕 위에
불경기 땐 대량해고 실업자 신세되고
호경기 땐 철야작업 삭신이 병이 드네

…

민중의 몽둥이 경찰권력 거동 보소
노동자들 몇이 모여 수군수군 했다 하면
사냥개 냄새맡듯 정보형사 떠다니고
임금인상 요구하며 농성 한번 했다 하면
개밥에 보리알 튀듯 기동경찰 끼여드네
어느샌가 나타나는 사복 입은 형사님네
밥 먹고 사람 패는 연습만 하였던지
유도 당수 태권도로 노동자를 후려치니
가뜩이나 중노동에 지칠 대로 지친 몸이
골수에 병이 들어 폐인이 되어가네
…
노동자를 위한 법률 그 얼마나 된다기에
그나마 단 하나도 지키지 않으면서

노동자 잡는 법은 수도 없이 만들고서
꼬투리만 있다 하면 제까닥 묶어가니
이 나라의 법질서는 누굴 위해 있는 건가
돈 없고 배경 없는 우리네 노동자들
기업주 하나만도 상대하기 힘겨운데
국민의 혈세로 유지되는 국가권력
기업주들 편들어서 노동운동 억누르니
이 정권은 과연 누굴 위한 정권인가

...

지렁이도 밟히면 꿈틀하기 마련이고
참새가 죽을 때도 짹소리는 하고 가니
하물며 만물영장 인간으로 태어나서
이토록 짓밟히고 어찌 조용할까보냐
70년도 11월에 평화시장 앞길에서
노동자의 불꽃 하나 폭탄처럼 튀어나와
"노동자도 사람이다. 기계취급 하지 말라"
땅속에 울부짖는 전태일의 핏소리가
억눌린 억만 가슴 뒤흔들고 울려퍼져
노동자의 생존투쟁 곳곳에서 일어나니
이 위대한 역사흐름 그 무엇이 막을소냐

...

우리를 거부하는 모든 것을 거부하자!
우리 생존 거부하는 저임금을 거부하자!
젊디젊은 우리 목숨 죽음으로 몰아넣는
장시간 중노동과 살인환경 거부하자!
가진 자의 오만과 횡포를 거부하고
노예사상 강요하는 저들 손길 뿌리치자!
노동자의 인간다운 존엄성을 파괴하는
욕설들과 폭행들과 인권유린 거부하자!
노동운동 탄압하는 업주횡포 경찰폭력
해고와 체포 앞에 굴복하길 거부하자!
노동자를 짓밟는 특권경제 거부하고
외국자본, 대재벌의 횡포를 거부하자!
우리를 얽어매는 모든 법률 모든 조치
모든 거짓 모든 위선 모든 구호 모든 선전
그 앞에서 무릎꿇는 노예 되길 거부하자!

...

— 조영래변호사를 추모하는 모임 엮음,
《진실을 영원히 감옥에 가두어 둘 수는 없습니다》,
창작과비평사, 1991, 286-301쪽

탈락 없는 사회를 꿈꾼다

+ 학교는 죽었다

2011년 11월 10일, 전국의 69만여 명이 수능을 치렀다.
같은 날 청계광장에서는 18명의 청소년이 이렇게 외쳤다.
"나는 앞으로도 이 사회에서 거부당하는 자리에 있을 것이다."
"그러나 나는 거부당하는 위치에서 이 사회의 학벌에 의한 부조리를 거부하며,
모두가 탈락하지 않을 수 있는 사회를 꿈꿀 것이다."

지난 11월 10일은 여러 가지로 마음이 복잡한 하루였다. 첫 조카가 수능을 치른 날이었고 김진숙 씨가 309일 만에 크레인에서 내려온 날이었다. 나는 하루 종일 시험 치는 기분이 들었다. 학창 시절 시험을 치를 때 문제지를 받아드는 순간은 긴장감이 절정에 달했다. 책상에 채 다 펼치지도 못할 만큼 큰 시험지를 받아들고 볼펜을 깨물던 느낌이 생생하다. 하지만 내가 이날 받아든 시험 문제는 숱하게 치러 왔던 그런 종류의 시험이 아니었다.

내가 인권운동이란 걸 시작하던 무렵 갓난애였던 조카가 다 큰 어른이 되는 동안 세상은 얼마만큼 좋아졌나, 그 세월 동안 난 뭘 하고

살았나, 김진숙 씨가 크레인에서 추위와 더위를 보내고 또 추위를 맞은 300여 일 동안 또 난 무엇을 했나…….

첫 번째 시험지에서 김진숙 씨는 "연대란 무엇인가?"라는 굵직한 물음을 던졌다. 오랫동안 연대가 뭐냐고 물어 오면 대답할 줄 몰라 우물거렸다. 다른 사람들에게 물어봐도 마찬가지였다. 소위 SKY(서울대, 고대, 연대)에 속하는 대학 중의 하나로 여기는 것이 다반사이거나 "연대기를 말하는 건가요?"라는 물음을 되돌려 받을 때가 많았다. 그런데 그런 오답자가 많이 줄어든 것 같다. 김진숙의 309일은 연대란 어떤 사람들 사이에 무엇을 위해 어떻게 하는 것인지 묻고 답할 수 있는 공동 학습의 기간이었다. 연대가 '무엇'이라고 정확히 말하지 않아도 '아하 그거!'라고 가슴 한편을 스치는 무엇을 느꼈다. 계속 연대를 공부하고 실천할 동기를 갖게 된 이들이 적지 않으리란 것이 시험을 치르면서 난생 처음 든 뿌듯한 기분이었다.

그리고 이날의 또 다른 시험지는 '대학입시 거부 선언'이었다. 수능 시험이 치러지던 같은 시각에 18명의 대학입시 거부 선언자가 "남의 꿈을 밟고 올라가는 전쟁"과 "우리의 삶에 가격을 매기는 상품화의 과정"을 거부하겠다고 선언했다. 그리고 자신을 '루저'나 '낙오자'라 손가락질할 사회를 향해 "오늘의 불행을 저축해도 내일의 행복이 오진 않을 것 같고 불안과 경쟁만이 이어진다. 도대체 누가 우리에게 이런 불안하고 불행한 삶을 강요하는가?"라고 되물었다. 그리고 자신의 선택을 "그저 대학을 안 간다는 선택이 아니"라 "지금의 입시가, 대학이, 교육이, 그리고 사회가 잘못되었음을, 온몸으로 외치는 것"이라 했고, 일단 그래도 대학은 가고 보라는 유예의 주문에 맞서, "지금 여기서 바꾸자."라고 말했다. "더 이상 교육에, 사회에 문제가 있다고 혀만 차지 말고, 지금부터 같이 바꿔 나가야 한다."라며 자신의 행동을 "손을 내미는 몸짓"이라 표현했다. "학력과 학벌로 인한 차별과 불평등에 갇혀 있기에는 우리들의 배움이 너무 소중하기에, 그렇기에 우리는 선언한다. 여기 대학입시를 거부하는 이들이 있노라고." 그리고 "자유로운 배움을 위해…… 행동하겠다, 살아가겠다." 하는 것이 선언의 마침표였다.

학벌 사회를 거부한다고 기껏해야 경력을 쓸 때 출신학교를 쓰지 않는 정도밖에 못 하던 나로서는 충격 그 자체였다. 걱정도 됐다. 이 험한 학벌 세상을 계속 씩씩하게 살아갈 수 있을지 걱정이 안 될 수 없었다. 학교를 너무 가고 싶어도 갈 수 없는 형편의 사람, 원치 않는 이유로 학교 밖으로 쫓겨난 사람과 입시 거부를 선언한 사람은 뭐가 같고 뭐가 다른 거지? 이런저런 이유로 '탈학교'라는 꼬리표를 달게된 청소년과 입시를 거부할 배짱을 가진 청소년은 뭐가 다르지? 아무리 정규 교육에 문제가 많아도 배울 게 있는 것인데, 배움의 시기에 그런 훈련을 거치지 않고 세상과 소통할 수 있을까? 지인들과 이런 문제들로 장시간 토론도 벌어졌다.

김진숙 씨의《소금꽃나무》에는 〈학번에 대하여〉라는 글이 있다. 고등학교도 졸업을 못 한 김진숙 씨에게는 학번이 없다. 가출하면서 반드시 이루리라 다짐했던 대학생이 돼 보자는 꿈을 갓 입사한 한진중공업에서 밝히며 "공부 땜에 잔업을 못 하겠다."라고 했다가 비웃음 섞인 벼락을 맞은 얘기였다. 그 글을 읽으며 얼굴이 화끈거린 건 김진숙 씨의 트위터 아이디 'JINSUK_85'를 봤을 때 85호 크레인이 아니라

85학번이 자연스럽게 떠오른 내 생각의 습관 때문이었다. 85학번이 아닌 85호 크레인에서 버텨 낸 그녀의 힘은 "학번이 없다는 이유만으로 한 번도 빛나는 자리에 서 보지 못한 사람들"이 우리 사회에는 훨씬 많고 "그리고 그 학번 없는 사람들이 세상을 움직여 간다."라는 믿음이었다. "학번 없는 사람들이 자랑스러워지고부터였을 게다. 그들이 세상의 주인이라는 믿음이 생기고부터" 그녀는 대학에 못 간 잔인했던 청춘이 더 이상 아프지 않았다고 했다. 그 글 끝에 "세상을 주인에게 돌려주고자 하는 투쟁. 그 투쟁에서 당신들은 나의 소중한 동지들이다."라고 그녀는 사랑을 고백한다. 이 고백에서의 '당신'은 학번이 없는 사람, 있는 사람을 가리지 않는 호명이다.

85호 크레인을 둘러싼 연대, 희망버스나 날라리 외부 세력 등에 대한 얘기가 넘쳤던 한 해였다. 그중 기억에 남는 것은 연대란 '우리들'이라는 틀을 해체하는 것, 안과 밖의 경계를 허무는 것이라는 얘기였다. "왜 외부 세력이 와서 간섭하느냐?"라는 물음을 던지는 '우리'에 대하여 "저희는 날라리 외부 세력인데요."라며 화답하는 경쾌함이 이미 '우리'의 틀 안과 밖의 구분을 해체했다는 것이었다. 연대란 비슷한 사람들끼리, '우리' 문제로 뭉친 '우리끼리'만 하는 게 아니라 같은 문제에 질문을 던질 수 있는 사람이면 누구나 같이할 수 있는 거라는 지적이었다.

조카의 수능, 김진숙 씨의 크레인과 연대, 대학입시 거부 선언이 얽히고설킨 날, 던져진 시험 문제에 참고하고 싶어서 나는 책장에서 오래 묵은 책을 꺼내 들었다. 지금은 절판되었고 누렇게 뜨다 못 해 제본까지 너덜너덜해진 책이다. 《학교는 죽었다》라는 과격한 제목의 책

내용은 김진숙 씨나 입시 거부 선언자들이 말한 내용을 그대로 옮긴 것 같다. 아마 던지는 질문이 같아서일 테다. 저자인 에버레트 라이머는 미국의 교육학자인데, 저명한 철학자인 이반 일리치와 15년간 나눈 토론과 대화를 바탕으로 이 책을 썼다고 한다. 이 토론에 기초해 이반 일리치도 책을 썼는데 그건《학교 없는 사회》다.

　대학입시 거부 선언자들은 "교육을 원한다."라고 한다. 자신을 상품이 아닌 인간으로 보는 "사회를 원한다."라고 한다. 이들이 던진 질문을 공유한다면 학교 안에 있든 밖에 있든, 학번이 있든 없든, 같은 문제를 안고 씨름하는 동료일 수 있음을 묵은 책을 다시 보며 생각했다. 학교든 대학이든 정규 교육이든 그 무엇이든 어디에 걸쳐 있든 우리 삶 자체가 교육이고 배움인 한 같은 문제를 안고 있는 동료라는 것을 말이다.

　《학교는 죽었다》에서 몇 구절을 발췌해 본다.

— 2011년 11월 16일에 씀

+ 학교는 죽었다

학교를 왜 거부하는가

··· 전 세계 어린이 대부분이 학교를 다니지 못하고 있다. ··· 그렇지만 아이들은 누구나 반드시 무엇인가를 학교로부터 배우게 된다. 학교에 입학조차 못 해 본 아이들은 인생의 좋은 것들이 그들에게는 전혀 해당되지 않는다는 사실을 알게 된다. 학교를 일찍이 중퇴해 버린 아이들은 그들 자신이 인생의 좋은 것을 누릴 만한 자격이 없음을 배우게 된다. 학교를 좀 더 다니다가 중퇴한 아이들은 이 체제가 타도될 수는 있으나 그들의 힘으로는 될 수 없음을 배우게 된다. 그들 모두가 다 학교란 한 세상 편히 살기 위한 첩경임을 알게 되고, 자식들만은 그들보다 더 높은 교육을 시켜 잘 살게 만들겠다고 마음을 먹게 되는 것이다.

오늘날 자기 자식은 자기보다 학교로부터 더 많은 혜택을 받게 되리라는 이 소망은 결국 현 세대 대부분 사람에게 좌절감만 안겨줄 수밖에 없다. ··· 너무 비싼 학비를 감당할 수 없다. ··· 보다 많은 사람이 대학교 및 고등학교를 졸업하게 되지만 실제로 교육받은 양으로 보나 질로 보나 보잘것없는 것이고, 실제로 취업 관계에서 그리고 실수입 면에서도 형편없는 것이다.

어느 나라에서나 교육 비용이 학생 수나 국민소득보다 더 빠른 속도로 증가하고 있다. ··· 소비 수준에 한계가 없고, 학위가 사람의 지위를 결정해 주는 이 세상에서는 학교 교육의 끝이란 있을 수 없는 이야기다.

… 진학 경쟁에서 승리한 자에게는 또 다른 운명이 닥친다. … 학교는 소년, 소녀를 매우 철저한 과정을 거쳐서 길들이는, 즉 사회적으로 거세하는 작업을 수행한다. 학교에 다니려면 학교에 따르지 않을 수 없다. 즉 학교는 학생으로 하여금 사회 규범에 순종하여 따르게 만든다. … 학생이 학교에서 우수하다고 평가되려면 부모의 재산과 권력 말고도, 규정을 어기고서라도 승리해야 한다는 것을 배우게 된다. 학교에서 순종을 가르치면서 또 규정 위반을 가르치는 것은 모순이 아니라 하겠다. 규정 위반이 일종의 순종으로 생각되기 때문이다. 선생 개개인은 학생이 무엇을 배우는지 관심을 갖기도 하지만, 학교 조직은 학생이 얻는 점수만을 문제로 삼는다. 따라서 학생은 학교에서 강요하는 규정은 순종해야 하고, 별로 강요하지 않는 것은 어겨도 된다는 것을 배우게 된다. … 규정에 잘 순종하는 학생은 그 사회에서 생산 및 소비 생활을 요구받는 대로 수행하게 된다. 학교 규정을 어기며 성공하는 것을 배운 학생은 이 사회를 요리조리 이용해 먹는 사람이 되기도 한다.

… 학교는, 기술에 의하여 지배되는 세계에서 권력을 갖는 사람이 이 지배 관계를 통하여 이득을 얻게 보장해 주며, 더구나 그들이 이 지배 관계를 거부할 줄 모르도록 무능력화시켜 버린다. 결국 학교 운영 과정에서, 상부의 운영자에서부터 하부의 추종자까지 모두가 끝없는 경쟁(처음에는 규정에 따르다가 결국에는 규정을 깨뜨리고 나아가는 데까지 이르는 경쟁)에 휩싸이게 된다. 그 규정이 옳고 그르고 혹은 그 경쟁이 가치 있는 것인지 아닌지는 제쳐 두고 말이다.

오늘날 학교 교육은 기술문명 사회에서 보편적인 종교와 같은 위치를 차지하고서, 그 사상을 전파하고 구체화하며 사람들로 하여금 그 사상을

받아들이게 유도하고, 받아들이는 정도에 따라 사회적 지위social status를 부여하고 있다. 오늘날 사람들이 테크놀로지 자체를 거부한다는 것은 생각할 수 없다. 문제는 테크놀로지에 적응하고 이용하고 통제하는 것이다. 우리가 교육에 걸 수 있는 유일한 희망은 테크놀로지의 노예 혹은 테크놀로지라는 이름에 의하여 다른 것들의 노예 상태로 전락하는 것이 아니라, 테크놀로지의 주인이 될 수 있는 자유인을 만들기 위한 진정한 교육이 이루어지기를 기대하는 것이다.

노예로 전락하기는 쉽지만 자유인 혹은 주인이 되기는 어렵다. 테크놀로지는 환경의 오염에 의하여, 현대 전쟁을 통하여, 혹은 인구 폭발 등에 의하여 인류를 죽여 버릴 수 있다. 그리고 끝없는 소비 경쟁을 통하여, 경찰 국가에 의하여 혹은 결국에는 무너지고야 말 생산 양식을 통하여 인류를 노예로 전락시켜 버릴 수 있다. 이러한 위협으로부터 틀림없이 빠져나갈 수 있는 절대적인 방법은 없다. … 교육에서만이 아니라, 개인의 생활기회life chance(사회계층적 이동, 즉 하층에서 상층으로 상향 이동하는 수단으로서 학교 교육을 뜻한다.)에서 학교 교육의 일률적인 독점을 배격해야 할 것이 요구된다.

학교는 무엇을 하는가

… 학교의 선별 기능에 의해 승자가 탄생하지만 그와 동시에 패자도 또한 생겨나며 학교의 선별은 인생의 선별로 연장되어 인생의 패배자를 만들어 내게 된다. … 학문 자체를 배우기 위해 열심히 노력한다기보다는 경쟁에 이기는 것 자체를 위해 노력하기 때문에 일부분은 항상 그 대열에

서 탈락하기 마련이다. … 더 큰 해악은 학생을 선별해서 카스트 제도 같은 특권적 위계질서의 틀 속에 끼워 넣는다는 점에 있다. … 오늘날 학교에서 인정받을 수 있는 실력은 그 사회 구조와 부합되는 실력뿐이다. 이러한 사회 구조의 특징은 기술문명의 생산물의 경쟁적 소비에 있다고 하겠으며, 이것은 다시 제도에 의하여 통제된다. 한편, 제도는 현재의 지배적인 특권적 위계질서를 유지하고 현재의 특권층이 새로운 '실력 사회'에서도 마찬가지로 특권적 지위에 머물러 있을 수 있는 기회를 가능한 한 확대시키는 방향으로 생산물을 통제한다.

학교란 무엇인가

… 여기서 학교를 '일정한 연령의 집단이, 단계적인 교육 과정을 공부하기 위해 교사가 감독하는 교실에 출석할 것이 요구되는 제도'라고 정의하자. … 선생들도 학교가 생기면서 그 전과는 반대의 위치에 서도록 바뀌었다. 선생의 진정한 역할은, 질문을 받고서 보다 깊은 질문을 다시 던져올 수 있도록 대답해 주는 것이었다. 학교에서는 이러한 역할이 반대로 되었다. 즉 선생이 질문해야 하고, 탐구욕을 불러일으키기보다는 정설을 제시해야 한다. … 학교가 직업을 알선하고 정치적인 그리고 사회적인 역할을 갖게 해 주는 독점적인 제도로서 성장한 것은 표준화된 단계적 교육 과정에 의해 가능했다. … 학교는 사람과 지식을 조작 가능한 대상물을 다루듯이 취급한다. 마치 현대 기술문명이 세계 모든 것을 취급하듯이. 물론 모든 것이 조작될 수 있을 것이다. 그러나 그 조작 과정에서 대상물의 다른 측면을 짓밟고, 바라지 않았던 부산물이 생기는 대가를 치러

야 한다. 인간을 조작 대상으로 삼을 때 그 희생은 특히 크다. 그리고 인간은 그에 저항하는 경향이 있다. 인간에게는 조작되지 않고 보존되어야 할 부분이 가장 중요한 부분이라 하겠다. 교육 과정에서 생겨나는 부산물은 벌써 명백하게 드러나고 있다. 그러나 무엇보다도 가장 큰 위험은 그 방법이 성공할 것이라는 고집에 있다. 교육 과정에 의해서 성공적으로 조작 처리되어 배출되는 인간은 운명을 지배하는 능력(인간을 다른 나머지 물질로부터 구분시켜 주는 고유한 특성)을 상실하고 말 것이다.

교육의 혁명적 역할

사회의 전반적인 변혁 없이는 학교 교육을 대체할 수 있는 효율적인 대안이 마련될 수 없다. 그렇지만 사회의 다른 부분에서의 변화로 교육에서의 변혁이 이루어지기를 기다려도 소용없는 짓이다. … 교육적인 변화는 그 변화 과정에서 다른 근본적인 사회적 변화를 가져온다. 진정한 교육은 사회의 근본적인 힘이 된다. 오늘날과 같은 사회 구조는, 비록 소수만을 교육시킨다 하더라도, 교육받은 사람에 의해서 붕괴되고야 말 것이다. 여기서는 학교 교육 이상의 다른 것이 중요하다. 사람들은 사회를 받아들이도록 학교에서 교육되지만, 그들이 배우는 것은 사회를 창조하거나 혹은 다시 새로운 사회를 건설해야 한다는 것이다.…

우리들 각자가 할 수 있는 일은 무엇인가

우리들 대부분은 영웅과는 거리가 먼 사람이지만 우리의 도움이 없다면 영웅들은 아무런 쓸모가 없을 것이다. 정의로운 세계가 실현되도록 하기 위해 우리들 모두가 할 수 있고 해야만 할 일이 있다면, 그것은 정의로운 세계에서 존재해야 할 삶을 지금부터 살기 시작하는 일이다. 이런 식의 이야기는 이전에도 어디에서 들은 적이 있을지 모르겠다. 사실 모든 위대한 종교 지도자가 서로 다른 형식으로나마 그것을 이야기했다. 그러나 그렇다고 해서 그 이야기의 진실성이나 정당성이 감해지는 것은 아니다 … 의로운 사회는 일단 획득되고 그다음에 향유되는 것이 아니다. 그것은 매일매일 새롭게 획득되어져야 하며, 따라서 획득되어지고 있는 동안 향유되지 않으면 안 되는 것이다.…

—《학교는 죽었다》, 에버레트 라이머, 김석원 옮김, 한마당, 1979

12
December

소비와 쇼핑의 경연으로 끝마치고는 싶지 않은 달,
곁에 사람이 있었으면 바라는 달,
넓은 원을 그리고 그 원 속에 함께 서고 싶은 달.

서로를 식민화하지 않고
평등하게 바라보는 원의 관계,
'모든 사람은 태어날 때부터 자유로우며
그 존엄과 권리에 있어 평등하다.'
세계인권선언의 약속을 되새김하는 또 다른 시작의 달.

우린 오래 투쟁했어요,
우리는 자유여야만 해요

+ 몽고메리 버스 보이콧의 증언들

1955년 12월 1일, 미국 몽고메리에서 로자 파크스는
백인 승객에게 자리를 양보하지 않아
'시내버스에서 흑백 분리'를 규정한 법을 위반했다는
죄목으로 체포되었다.

　오바마 미국 대통령의 이름은 알아도 흑인 민권 운동은 잘 모르거
나, 흑인 민권 운동을 알아도 마틴 루터 킹 목사의 〈나는 꿈이 있습니
다〉라는 명연설만 기억하는 사람도 많을 것이다. 킹 목사의 그 명연설
이 나온 배경에는 무수한 이름 없는 시민의 고민과 결단, 행동과 희생
이 있었다. 오늘 만나 볼 목소리는 미국에서 흑인 민권 운동의 중요한
국면인 몽고메리 버스 보이콧에 참여한 평범한 시민들의 것이다. 사
실 인용할 만한 명문장도 아니고 극적이지도 않다. 하지만 왜 인간이
권리를 위한 투쟁에 나서게 되는지 담담하게 읽을 수 있다.
　첫 번째 글, 1955년 12월 1일, 로자 파크스가 왜 버스에서 자리를
내주기를 거절했는지는 그녀의 담담한 회상에 드러나 있다. 그날 로

자 파크스에게 벌어진 일은 우연이 아니었고, 아주 오랫동안 계속돼 온 차별 관행이었다. 그날 로자 파크스가 자리를 내주지 않기로 결정한 것은 누가 그러라고 한 것이 아닌 자발적인 행동이었지만, 그녀는 오랫동안 시민권 투쟁에 참여해 왔다. 그녀는 전미유색인종지위향상협회NAACP의 회원이었고 지역의 활동가들과 교분이 두터웠다. 로자 파크스 이전에도 같은 사건으로 여성들이 체포된 사례가 있었다. 하지만 로자 파크스의 체포가 버스 보이콧의 기폭제가 된 데는 그녀의 석방을 헌신적으로 도운 지역 활동가들이 있었고, 그녀에게 그 사건을 흑백 분리에 대한 도전으로 전환할 것을 요청한 배경이 있다. 로자 파크스는 이에 적극적으로 화답했다.

이 디 닉슨은 그런 활동가 중 한 사람이었다. 두 번째 글은 로자 파크스의 체포 후에 닉슨이 그녀를 처음 만난 뒤 느낌을 기록한 것이다. 그는 로자 파크스 사건을 몽고메리 버스 보이콧으로 연결하는 가교 역할을 했다. 당시 26살의 무명의 인물이었던 마틴 루터 킹 목사에게 보이콧 조직을 맡아 달라고 요청한 사람이기도 하다.

여성정치위원회의 조안 깁슨 로빈슨은 1949년 몽고메리에 일자리를 얻어 이주했다. 그녀 또한 몽고메리로 와서 얼마 후 버스에서 자리를 내놓으라고 강요받았다. 분노한 로빈슨은 흑백 분리법을 깨기 위해 뭐든 하겠다고 다짐했다. 그녀는 버스 회사와 시 위원들이 흑백 분리를 불법화하거나 적어도 당시의 버스 규율을 고치도록 하려고 쉼 없이 활동했지만 전혀 소득이 없었다. 버스 보이콧을 성공시키기 위해서는 엄청난 양의 고된 일이 요구됐는데 로빈슨과 여성정치위원회가 상당 몫의 일을 감당했다. 세 번째 글은 로빈슨의 버스 보이콧 첫

날의 기억이다.

춥고 비도 올 것 같은데 버스를 안 타는 투쟁이라니, 단 하루를 약속한 것이었지만 얼마나 떨리는 약속이었을까. 하지만 버스 보이콧은 하루가 아니라 381일 동안 이어진다. 하루 보이콧은 어느 누구의 예상보다도 성공적이어서 계속해야겠다는 자신감을 고취시켰다. 사람들은 사회가 존엄함으로 자신들을 대해 주라고 요구할 기회임을 직접적으로 느꼈다.

며칠, 몇 주, 몇 달을 넘어 버스를 거부한 그들은 아침마다 일터나 학교로 가야 할 사람들이었다. 에피소드 하나. 출근해야 할 사람들 중에는 수많은 흑인 가정부가 있었다. 그녀들이 버스 보이콧에 참여하고 있다는 것을 아는 백인 여성들은 차로 데려다 주는 일을 했다. 몽고메리 시장은 흑인 가정부를 태우는 일을 중단하라는 포고를 냈다. 백인 여성들이 차 태워 주는 일을 중단하거나 흑인 가정부를 해고한다면 보이콧을 깰 수 있다고 했다. 경찰은 흑인을 태운 백인 여성 운전자를 보면 신호 위반을 빌미로 단속했다. 백인 여성들은 자신의 가정부가 버스를 타면 불량배가 있을까 봐 안 탈 뿐이라는 거짓말을 하고, 흑인 가정부는 자신은 보이콧과 관계가 없다고 거짓말을 했다. 서로가 거짓말이라는 걸 알고 있었지만 보이콧 기간 동안 거짓말은 계속됐다. 보이콧을 모른다고 잡아뗀 흑인 가정부들은 버스를 안 탈 뿐 아니라, 자신이 받는 보잘것없는 임금으로 보이콧 운동을 지원하고 있었다. 카풀 조직, 택시 요금 인하, 그도 아니면 자전거를 타거나 걷는 불편함 속에 협력과 연대의 싹을 키운 그들은 일 년이 지나 차별 없는 버스에 자유로운 시민으로 오를 수 있었다. 그들은 시민권을 부여받은 것이 아니라 스스로의 힘으로 만든 것이다.

　최근 대한민국에서는 작년의 촛불 시위를 기억하며 거리로 나온 시민들이 된서리를 맞았다. 시민을 위해 어디든지 빠르게 달려오겠다는 경찰은 정말 모든 거리며 지하도에서 시민을 빠르게 막고 쏜살같이 몰아서 경찰버스로, 경찰서 유치장으로 날랐다. 용산 참사의 희생자들을 추모하는 천막도 부서졌다. 살아서도 철거당하고 죽어서 또 철거당했다.

　시민 노릇하기 정말 힘드네, 우리에게 인권은 도대체 뭔가, 이런 탄식이 이어지는 요즘이다. 정치도 경제도 인간에 대한 예의도 그 기본이나 근본과는 거리가 먼 요즘, 우리는 열이 나 있고 부루퉁하고 말해서 뭐하느냐며 침묵과 무기력에 빠져 있을 수도 있다. 하지만 침묵을 깨고 누군가 노래 부르고, 누군가 촛불을 켜고, 누군가 새로운 계획을 세우고, 누군가 누군가를 기다리고, 누군가 누군가의 손을 잡고 모이는 일은 계속될 것이다. 오늘 소개한 문헌집의 다른 장에 등장하는 노랫말이 있다.

　"자유는 영원한 투쟁, 자유는 영원한 투쟁, 자유는 영원한 투쟁이라 말하죠. 오! 주여, 우린 너무 오래 투쟁했어요. 우리는 자유여야만 해요. 우리는 자유여야만 해요."

— 2009년 5월 6일에 씀

✦ 로자 파크스의 회상: "내 영혼은 평안하다."

… 버스를 타서 단 한 자리가 빈 걸 보고 걸어 들어갔죠. 그 자리는 백인 전용 좌석 바로 뒤였어요. 내가 앉은 자리는 바로 통로 옆이었고 내 옆에 한 남자가 앉아 있었고, 맞은편 통로 옆에는 두 여자가 앉아 있었죠. 백인 전용석이라 불리는 버스 앞부분에는 그때까지는 자리가 몇 개 남아 있었어요. … 세 정거장 가서 사람들이 더 탔고, 앞좌석 전부가 찼어요. … 한 남자가 서 있었고, 운전사가 주위를 둘러보더니 그 사람이 서 있는 걸 보고 우리들 네 사람(로자 파크스와 주위에 앉아 있던)에게 자리를 그 사람에게 내주라고 했어요.

처음 요구에 우리 중 아무도 움직이지 않았죠. 그러자 그가 여러 번 말했어요, "너네들 자신을 알고 좌석을 내놓는 게 좋을걸." 이럴 때 자리에 앉았던 승객이라면 당연히 말문이 막힐 겁니다. 사실, 그의 말은 납득이 되지 않았죠. 내 옆자리의 남자와 건너편 좌석의 두 여자가 일어나 통로로 움직였을 때, 나는 내 자리에 그냥 있었어요. 운전사가 내가 여전히 앉아 있는 걸 보더니 일어설 거냐고 묻더군요. 나는 말했죠. 아니라고, 안 일어설 거라고. 운전사가 말했어요. "음, 일어서지 않겠다면 체포하도록 해야겠군." 나는 그렇게 하라고, 체포하라고 했어요.

운전사는 버스에서 내리더니 금방 돌아왔어요. 몇 분 뒤 두 명의 경찰이 버스에 타서 내게 다가오더니 운전사에게 일어서라는 요구를 받았는지 묻더군요. 그렇다고 했죠. 경찰들은 내가 왜 일어서지 않았는지 알고 싶어 하더군요. 나는 말했죠. 내가 일어서야 했다고 생각하지 않는다고.

요금을 내고 자리에 앉았으니 자리를 내놔야 한다고 생각지 않는다고.

경찰은 날 체포해서 경찰차에 태우고 감옥으로 데려갔어요. 용의자 명단에도 올렸겠죠. 심문을 했어요. 수인이나 체포된 사람에게 묻는 의례적인 질문이었죠. 경찰은 운전사가 기소 또는 구속영장 발부를 원하는지 결정해야 했고, 운전사는 그러기를 바랐죠. 그리고 나서 감방에 데려가 나를 가두었죠. 잠시 후에 감방에서 나와 내 사진을 찍고 지문을 채취했어요.…

+ 이 디 닉슨의 "모든 게 어떻게 시작됐나"

1955년 12월 1일 밤, 난 침대가에 오래 앉아 있었죠. 한참 뒤 아내에게 고개를 돌려 말했죠. "여보, 로자 파크스 부인의 체포에 항의해 시내에 있는 모든 흑인이 하루 동안 버스를 타지 말아야 한다고 생각해." 아내가 날 정신이 나갔다는 듯이 쳐다봤죠. 그때 난 아내에게 물었죠. "당신 생각은 어때?" "난 당신이 잠꼬대 집어치우고 불 끄고 자야 한다고 생각해."

버스에서 짐 크로우 법(미국 남부의 흑인 분리법)을 위반한 혐의로 10개월 동안 구속됐던 세 명의 여성을 생각하기 시작하자 내 마음은 30년 전으로 돌아갔어요. 내가 차량 짐꾼으로 처음으로 남부 앨라배마 주의 몽고메리를 벗어나 여행했던 나날을 생각하기 시작했죠. 북부의 흑인이 전차와 기차에서 맘대로 어디에나 앉는 것을 봤어요. 흑인이 공직을 갖고 있

271

다니, 남부 앨라배마 주에서 여전히 우리에게 부인당한 자유를 그들은 어떻게 가졌을까. 얼마나 더 오래 우리는 당하는 걸 견뎌야만 하나 고민하기 시작했죠.

처음으로 나 자신에게 물었던 게 기억났어요. "앨라배마 주의 흑인에게 자유를 가져오기 위해 내가 뭘 할 수 있을까?" 당연히 한 사람만으로는 깊게 뿌리박힌 전통을 바꿀 수 없을 거야. 하지만 한 사람이 불꽃을 일으킬 수 있으면 다른 사람들이 빛을 보고 움직일 수 있을 것이라 생각했죠.

… 침대가에 앉아 있던 내게 갑자기 생각이 몰려왔어요. 몽고메리의 사람들에게 일어서서 강력하게 싸울 걸 요구하면 왜 안 되는데? 로자 파크스 부인을 위한 항의에 나서면 왜 안 되나? 버스를 안 타면 어때서? 몽고메리 개선 조직을 시작하면 왜 안 되나? 아내의 시큰둥함에도 불구하고 대중 행동에 나서야 할 때라고 나는 결심했어요. 몽고메리의 흑인들이 드디어 행동하길 갈망하고 희생할 준비가 돼 있고 무슨 일이 생기든 견뎌낼 준비가 돼 있다고 느꼈어요. … 난 뒤척이다가 잠들었죠…

+ 몽고메리 버스 보이콧과 그것을 시작한 여성들: 조 안 깁슨 로빈슨의 기억

1955년 12월 5일, 월요일이었죠. 앨라배마 주 몽고메리에 살던 12만 명의 흑인과 백인에게 똑같이 휴일 뒤의 일하는 날은 이른 아침의 부산

272

함으로 시작됐죠. 날씨로 말하자면, 그날은 남부의 다른 겨울날과 다르지 않았어요. 춥고 비가 내리려 했어요. 이날은 보통의 날과 전혀 다르지 않았어요. 무관심한 구경꾼, 다소 무관심하거나 일부 재미있어 하는 구경꾼이었던 백인 대부분에게는 평범한 날이었죠. 아마 몽고메리 버스 회사 사람은 다소 걱정했겠죠. 하루만이라도 버스 요금 수입에 심각한 손해가 될 테니까요.

하지만 몽고메리의 5만여 흑인 시민에게는 춥고 흐린 12월의 그날이 달랐어요. 전날 밤 그들 중 아무도 잠을 이룰 수가 없었죠. '하루 버스 보이콧'에 사람들이 정말로 협력할지 확신할 수 없었으니까요. 그런데 춥고 비까지 오려 하니 어느 것도 그들에게 좋은 편은 아니었어요. 그래서 그들은 두려웠죠. 졸립고, 대단한 기대로 긴장되고, 희망을 품고, 모두가 하루를 견딜 수 있기를 기도한 그들이었어요. 그들이 두려웠던 것은 잘 계획한 몽고메리 시내버스에 대한 하루 투쟁이 실패하면, 다수의 흑인이 버스를 탄다면, 보이콧 운동의 자랑스러운 흑인 지도자들이 시의 웃음거리가 되리라는 거였죠. … 시는 흑인들의 계획을 알고 있었고 흑인들은 조명을 받고 있었어요.

아침 5시 30분, 몽고메리 시에 동이 텄어요. 노동자들이 거리 모퉁이에 모여 있었죠. 계획에 따르면, 그들을 태울 것은 버스가 아니라 흑인 운전사가 모는 택시(1인당 10센트씩 요금을 내려서) 또는 이날 월요일만 공짜로 제공하기로 돼 있던 200여 대의 자가용이었어요.

의심이 장난 아니었죠. 택시 운전사들이 약속을 지킬까, 자가용 소유자들이 생판 모르는 사람들을 태우려 할까, 흑인 버스 이용자들이 버스를 타지나 않을까, 게다가 춥고 비까지 오려 하는데!

흑인여성정치위원회WPC는 수개월 동안 버스 보이콧을 계획해 왔지만, 계획이 홍보된 것은 불과 3일이었어요. 보이콧에 대한 생각은 여러 해 동안 했죠. 거의 날마다 흑인 남성, 여성, 아이들이 버스에서 불쾌한 경험을 하고 저녁 먹으면서 식구들에게 그런 얘기를 해 왔던 거죠. 이런 얘기는 이웃에게 반복됐고, 클럽 모임이나 큰 교회 모임의 목사들에게도 전해졌죠.…

로자 파크스의 체포 소식이 모든 흑인 가정에 들불처럼 퍼졌어요. 전화통에 불이 났죠. 거리 모퉁이와 집에 모인 사람들은 얘기했어요. 하지만 아무것도 되지 않았죠. 멍한 무기력이 모두를 마비시킨 것 같았어요. 아주 소수만이 그날(로자 파크스가 체포된 날) 또는 다음 날 버스를 타지 않았죠. 공포와 불만과 의심이 있었어요. 모든 사람이 누군가 뭔가 하기를 기다리는 것 같았어요. 하지만 아무도 움직이지 않았죠. 그날과 반나절, 아무 일도 일어나지 않은 듯 예전처럼 흑인 미국인들은 버스를 탔어요. 그들은 부루퉁하고 말을 하지 않으려 했죠. 긴장으로 팽팽한 침묵의 기다림이 있었죠. 흑인들은 공공장소에서 큰 소리로 말하지 않았어요. 조용하고 부루퉁하고 기다리고 있었죠. 그냥 기다림!

… 로자 파크스의 체포 소식에 프레드 그레이(몽고메리 시의 흑인 변호사)는 충격을 받았어요. 난 이미 내가 생각한 바를 그에게 알렸죠. WPC가 로자 파크스의 재판이 있는 날인 월요일에 버스를 타지 말 것을 요구하는 전단을 수천 장 뿌려야 한다는 생각이었어요. "준비 됐나요?" 그가 물었죠. 주저함 없이 우린 준비됐다고 확신했어요. 전화를 끊고 나는 행동을 시작했어요.

✦ 흑인여성정치위원회의 '전단'

또 흑인 여성이 체포돼 감옥에 던져졌습니다. 백인이 앉도록 버스 좌석을 내주기를 거절했기 때문입니다. 똑같은 일로 흑인이 체포됐던 클로뎃 콜빈(로자 파크스보다 앞서 불복종했던 열다섯 살 소녀) 사건 이후 두 번째입니다. 이런 일이 중단돼야 합니다. 흑인에게도 권리가 있습니다. 흑인들이 버스를 타지 않는다면 버스는 운영될 수가 없기 때문입니다. 승객의 3/4이 흑인입니다. 하지만 우리는 체포당하거나 빈 좌석을 두고도 서 있어야만 합니다. 이런 체포를 멈추기 위해 우리가 뭔가 하지 않는다면, 그것은 계속될 겁니다. 다음 차례는 당신일 수도 당신 딸일 수도 당신 어머니일 수도 있습니다. 이 여성의 재판이 월요일에 있습니다. 따라서 우리는 모든 흑인에게 체포와 재판에 대한 항의로 월요일에 버스를 타지 말 것을 요청합니다. 직장이나 시내에나 학교에나 어디에 가든 월요일에는 버스를 타지 마십시오. 버스 말고는 다른 방도가 전혀 없다면 하루는 학교를 빠질 수도 있습니다. 하루는 시내에 나가지 않을 수 있습니다. 일하러 가야 한다면 택시를 타거나 걸으세요. 하지만 부디 아이나 어른이나 월요일에는 버스를 타지 마세요. 월요일에는 모든 버스를 멀리 하세요.

함께 인간의 존엄을 지키자

+ 차별 금지 조항에 관한 일반 논평 2편

1948년 12월 10일 채택된 세계인권선언 제1조
"모든 사람은 태어날 때부터 자유로우며
그 존엄과 권리에 있어 평등하다."

나는 한 해의 끝자락에 태어난 겨울 아이다. 생일이 누구에게나 언제나 좋은 기억일 수는 없다. 어릴 적 행상 나간 엄마의 귀가를 기다리며 '혹시나' 하는 마음에 저녁을 굶었다. 엄마도 춥고 고달프겠지만 오늘은 내 생일이니 '혹시나' 특별한 걸 사들고 올지 모른다는 기대에 서였다. 하지만 엄마는 꽁꽁 언 채로만 돌아왔다. "밥 먹었냐?"라는 말에 실망을 감추려 아무 말 없이 남은 찬밥을 끓였다. 나이 들어서는, 내가 엄마에게 "밖에서 밥이나 먹자."라고 전화를 걸고는 한다. 그럼 엄마는 "뭐하러 추운데 나오라 하냐."라며 뭉갠다. 실랑이 끝에 "알았어, 알았다구. 됐어!" 볼멘소리로 전화를 끊고는 한다. 며칠 뒤에야 "가만 생각해 보니 그날이 네 생일이었더라."라며 전화가 오는 게 연례행사다.

'세계 인권의 날'은 12월 10일이다. '세계인권선언'의 제정일인 이 날을 전 인류가 '인권의 날'로 기념한다. 말하자면, 인권의 '생일'이다. 인권운동을 하는 나에게는 제2의 생일 같기도 하다. 하지만 해마다 이날은 온갖 인권 피해의 설움이 넘치거나 잊히고 외면받는 날 같다. 66세를 맞는 2014년 인권의 날은 더욱 그랬다.

  세월호 참사 유가족, 차별이 일상인 장애인, 정리해고되고 단식이며 고공농성으로 내몰린 노동자 등이 생일 촛불 대신 이 거리 저 거리에서 제 몸을 태우고 있다. 국경 너머에서 들려온 CIA 고문 보고서는 글자만으로도 흉기다. 또한, 이스라엘의 살인이나 숱한 난민과 아동의 인권 재난까지, 여기서 다 열거하지 못한 이유로 잊힐 인간의 고통은 없다. 게다가 기막힌 일이 '서울시민 인권헌장'을 둘러싸고 벌어졌다. 밥 달라 했더니 주걱으로 뺨 때리는 것도 아니고, 인권헌장 대신 차별 선동과 혐오 폭력이 달려들었다. 헌장의 일반 원칙인 차별 금지 조항에서 '성적 지향 및 성별 정체성'을 언급했다는 이유로 혐오 세력이 폭력의 난장을 벌였다. 그에 대한 정치적 책임을 져야 할 서울시는 도리어 헌장 제정과 선포를 포기했고, 박원순 서울시장은 "동성애를 지지하지 않는다."라는 말로 상처에 소금까지 뿌렸다.

  내 생일 같은 '인권의 날', 올해는 지독하고도 길었다. 오전에는 세월호 참사와 관련하여 '존엄과 안전에 관한 4. 16 인권 선언' 추진 대회가 있었다. 제안에 나선 세월호 참사 유가족들은 연신 "미안하다."라고 했다. "너무 늦게 인권에 관심을 가져 죄송하다."라거나 "권리를 권리로서 행사하지 않은 우리의 잘못"이라고 했다. 가해자와 책임져야 할 세력은 꼬리를 자르고 뒤꽁무니 빼는데, 피해자가 "미안하다."

라고 하니 뭔가 뒤집혀도 한참 뒤집힌 일이었다. 피해자들이 먼저 나서서 "함께 인간의 존엄을 지키자."라고 하니 민망함과 죄스러움을 어찌할 수가 없다.

오후에는 서울시청의 무지개 농성장에 갔다. 시청에는 '서울시민 인권헌장 제정 시민위원회'에 참여했던 시민들이 자기 주머니를 털어 인쇄한 '서울시민 인권헌장'과 헌장 제정 축하 무지개떡이 있었다. 인권의 날에 예정된 대로 시민들은 스스로 헌장을 선포하고 축하했던 것이다. 버티던 시장은 결국 농성단과의 면담을 받아들였다. 잘못을 사과하기는 했지만, 뜨뜻미지근하고 두루뭉술했다.

겨울비까지 내리는 심란한 생일이었지만 주인공인 '세계인권선언'을 아니 볼 수 없다. '세계인권선언'의 제1조는 모든 인권의 초석으로서 인간 존엄성에 대한 존중을, 제2조는 모든 인권을 꿰는 일반 원칙으로 차별 금지를 규정하고 있다. '존엄성에 대한 존중'이라는 가치를 걷어차면 언제든지 세월호 참사 같은 일이 벌어질 수 있고, '차별은 안 된다.'라는 기본 원칙을 무시하면 굴비 엮듯 모든 인권이 침해된다는 말이다.

'세계인권선언'에 담긴 인권에 대한 신념과 실천의 약속을 더 단단히 만든 것이 '시민·정치적 권리에 관한 국제 규약'과 '경제·사회·문화적 권리에 관한 국제 규약'이라는 양대 국제 인권 규약이다. 이 셋을 묶어 '국제 인권 장전'이라 특별히 부른다. 이 장전을 주춧돌 삼아 더 촘촘하고 단단한 국제 인권 조약들이 만들어졌고 앞으로도 탄생할 것이다. 양대 규약을 담당하는 위원회의 역할 중 하나는 '일반 논평'을 만드는 것이다. '일반 논평'은 규약에 담긴 권리들을 구체적으로

풀이하는 주석이다.

양대 규약에는 공통으로 제2조에 차별 금지 조항이 들어 있고, 각 규약의 해당 위원회는 차별 금지 조항의 의미를 해설하는 일반 논평을 내놓았다. 여기서 주목할 것은 차별 금지 사유의 변화와 추가다. 예를 들어, 세계인권선언에 열거된 차별 금지 사유에는 '장애'가 빠져 있다. 전후 당시의 장애에 대한 인식 수준은 인권은커녕 복지도 아닌 후생 사업과 원조의 수준이었다. 오늘날 대표적인 차별 금지 사유에는 당연히 '장애'가 명시되었듯이, 보이지 않는다고 인정하지 않는다고 해서 문제가 아닌 게 아니다.

선언 제정 당시 "차별 금지 사유를 상세히 담은 목록이 필요하다."라는 주장과 "법 앞에 평등이라는 조항으로 충분하다."라는 주장이 맞섰다. 결론은 차별 금지 사유를 명시한 포괄적인 차별 금지 조항의 채택이었다. "차별은 평화와 안전을 위협하는 국제적 정치 행위로 간주돼야 한다." "차별 행위를 구체적으로 금지하는 조항이 채택되지 않으면 미국에서의 흑인 린치 등의 관행이 계속될 것이다." "차별 행위는 범죄를 구성하며 국가법으로 처벌할 수 있어야 한다."라는 의견이 더 힘을 얻었다. 구체적으로 명시하지 않으면 차별 금지 사유를 제멋대로 해석하고 정당화할 위험성이 있기 때문에 열거하는 방식을 택한 것이고, 미처 보지 못하거나 부각되지 못한 문제를 생각해서 "기타의 신분 등에 의한"이라는 표현을 덧붙였다. '등'이라는 표현에는 여기에 열거되지 않았더라도 차별 금지 기준으로 고려될 수 있는 것들이 있다는 뜻이지, 가시적이고 심각한 차별의 원인을 외면하는 데 써먹으라는 말은 결코 아니다. "차별에 반대하지만 동성애는 안 된다."

라는 말은 문을 걸어 잠그고 나갈 테면 나가 보라는 말과 같고, "동성애를 열거하지 않고 그냥 차별 금지면 다 된 거 아니냐."라는 말은 구체적이고 실제적인 차별과 혐오에 고통받는 이들에게 "눈에 띄지도 말고 문제 삼지도 말라."라고 협박하는 것과 같다.

양대 규약의 차별 금지 조항에 대한 일반 논평을 살펴보자. 1989년의 '시민·정치적 권리에 관한 국제 규약 위원회'의 일반 논평에 열거된 차별 금지 사유와 달리, 2009년의 '경제·사회·문화적 권리에 관한 국제 규약 위원회' 일반 논평에서는 "기타의 신분"에 '성적 지향'과 '성별 정체성'이 포함돼 있다. 해당 위원회는 "차별의 성격은 맥락에 따라 변화하며 시간에 따라 진화한다. 일반적으로 추가적인 차별 금지 사유로 인정되는 것은 주변화로 계속 고통받아 온 취약한 사회적 집단의 경험을 반영할 때이다."라고 설명한다. 이 논평에서는 성적 지향과 성별 정체성 말고도 "장애, 나이, 국적, 혼인과 가족 상태, 건강 상태, 거주 장소, 경제적 및 사회적 상황"을 "기타의 신분 등"에 추가될 차별 금지 사유로 설명하고 있다. 하나같이 오늘날 한국 사회가 직면한 차별 문제와 뗄 수 없는 것들이다.

더 나아가 세계적으로 나이에 대한 차별, 특히 노인의 인권에 특화된 국제 인권 조약을 만들려는 움직임이 있다. 한국 사회의 노인들에게서는 노인 인권에 관한 것과는 결이 다른 움직임이 주목되는 일이 잦다. 서울시민 인권헌장을 둘러싼 혐오 폭력에서 상대적으로 노인을 많이 보았다. 무지개 농성장에는 상대적으로 많은 젊은이가 있다. 노인 인권의 존중과 보호와 실현을 위해 함께 모이는 광경을 상상해 본다. 함께 촛불도 켜고 떡도 썰면서 말이다. 그게 인권의 힘이다.

서울시청에서의 무지개 농성이 조만간 정리된다는 소식을 들었다. 농성 정리는 또 다른 실천의 시작일 것이다. "성소수자에 대한 혐오 세력은 단지 성소수자만을 공격하는 데 그치는 것이 아니라 인권의 가치를 바닥에 팽개치며 다른 사회적 약자를 공격할 것이기 때문이다. 이주민, 장애인, 빈곤층, 우리는 이렇게 확대되는 인간 존엄성에 대한 모욕을 방치할 수 없다."라는 우리의 싸움은 계속될 것이다. 우리는 모두를 초대한다. 인권의 초대에서 주인과 손님은 따로 없다. 인권의 날이 생일잔치다운 잔치를 할 날을 함께 만들어 보자.

— 2014년 12월 12일에 씀

+ 시민·정치적 권리에 관한 국제 규약 위원회 차별 금지 조항에 관한 일반 논평18(1989)

1. 차별 금지는 법 앞에서의 평등 및 어떠한 차별도 없는 법의 평등한 보호와 더불어 인권 보호에 관한 기본적이고 일반적인 원칙을 구성한다. 따라서 이 규약의 … 당사국은 자국의 영토와 관할권 하에 있는 모든 개인에 대하여 … 어떠한 종류의 차별도 없이 이 규약에서 인정되는 권리들을 존중하고 보장할 의무를 가진다. …

2. … 더 나아가, 규약 제20조 2항은 당사국에게 차별에 대한 선동을 구성하는 민족적·인종적 또는 종교적 혐오의 고취를 법률로써 금지할 의무를 부과한다.

…

10. 또한 본 위원회는 당사국들이 평등의 원칙을 지키기 위해서 동 규약에 의해 금지된 차별을 야기하거나 영속시키는 상황을 줄이거나 철폐하기 위해 때로는 적극적인 조치를 취할 필요가 있음을 지적하고자 한다. 예를 들어, 일부 특정 인구의 일반적인 상황이 인권의 향유를 침해하거나 방해하는 경우, 당사국은 그런 상황을 시정하기 위한 구체적인 조치를 취해야만 한다. 그러한 조치로는, 특정 인구에 대해 구체적인 사안에서 그 외의 나머지 인구와 비교하여 특정 기간 동안 우대 조치를 부여하는 것을 들 수 있다. 실질적인 차별을 바로잡기 위해 그런 조치가 필요한 경우, 이는 동 규약에서 보장하는 정당한 차이의 인정에 해당한다.

✤ 경제·사회·문화적 권리에 관한
국제 규약 위원회 일반 논평20(2009)

1. 차별로 인해 매우 많은 세계 인구가 경제·사회·문화적 권리(사회권)를 실현하기 어렵다. 경제 성장은 그 자체로는 지속가능한 발전으로 이어지지 않았고, 개인과 집단은 사회경제적 불평등에 계속 직면하고 있으며, 이것은 때로는 견고한 역사적 및 현대적 형태의 차별로 인한 것이다.

   ...

7. 본 규약에서 차별 금지는 즉각적인 효력이 있고 규약 전체를 관통하는 의무다. 제2조 2항은 규약에 담긴 사회권의 행사에서 차별 금지를 보장할 것을 당사국에 요구하며, 이 조항은 이들 권리와 연관해서만 적용될 수 있다. 차별은 직·간접적으로 차별 금지 사유에 근거하여 이뤄지며, 규약 상 권리에 대한 평등한 인정·향유·행사를 무효화하거나 훼손하는 의도 또는 효과가 있는, 모든 종류의 구별·배제·제한·선호 및 기타 차등적 처우라는 점에 주목해야 한다. 또한 차별은 차별 선동과 괴롭힘을 포함한다.

8. 당사국은 규약의 권리들이 어떠한 종류의 차별도 없이 행사될 수 있도록 '보장'하기 위해 차별을 형식적으로나 실질적으로나 철폐해야만 한다.

  (a) 형식적 차별: 형식적 차별 철폐를 위해서는 국가의 헌법, 법률, 정책 문서가 차별 금지 사유에 근거한 차별을 하지 않도록 보장해야 한다.

예를 들어, 혼인 상태를 이유로 여성에 대한 동등한 사회 보장 급여를 법에서 거부해서는 안 된다.

(b) 실질적 차별: 단순히 형식적 차별만을 다뤄서는, 제2조 2항이 구상하고 정의한 실질적 평등을 보장할 수 없다. 규약 상 권리의 효과적 향유 여부는 어떤 개인이 차별 금지 사유에 해당하는 집단의 구성원인지에 따라 흔히 영향 받는다. 실제로 차별을 철폐하려면, 유사한 상황의 개인에 대한 형식적 처우를 단순 비교할 것이 아니라 역사적 또는 지속적 편견으로 고통받는 개인들의 집단에 충분한 주의를 기울여야 한다. 따라서 당사국은 실질적 또는 사실상의 차별을 발생·존속시키는 조건과 태도를 예방하고 줄이고 제거하기 위해 필요한 조치를 즉각 취해야만 한다. 예를 들어, 적절한 주거, 물, 위생에 대한 모든 사람의 평등한 접근을 보장하는 것은 여성과 여아, 비공식 주거지와 농촌 지역 거주자에 대한 차별 극복을 도울 수 있다.

…

구조적 차별

12. 어떤 집단에 대한 차별은 만연하고 끈질기며 사회적 행동과 조직에 뿌리 깊으나, 흔히 문제시되지 않거나 간접적인 차별과 결부됐다는 것을 위원회는 통상적으로 확인했다. 이런 구조적 차별은 공적 사적 영역에서 법적 규범, 정책, 관행이나 지배적인 문화적 태도가 한 집단에는 상대적 불이익을 다른 집단에는 특권을 야기하는 것으로 이해할 수 있다.

…

차별 금지 사유

27. 차별의 성격은 맥락에 따라 변화하며 시간에 따라 진화한다. 따라서 합리적이고 객관적으로 정당화할 수 없으며 제2조 2항에서 명백하게 인정된 사유에 비견할 만한 기타 형태의 차등적 대우들을 포착하기 위해서는 '기타의 신분'이라는 차별 금지 사유에 대한 유연한 접근이 필요하다. 일반적으로 추가적인 차별 금지 사유로 인정되는 것은 주변화로 계속 고통받아 온 취약한 사회적 집단의 경험을 반영할 때이다. …

…

성적 지향과 성별 정체성

32. 제2조 2항에서 인정된 '기타의 신분'은 성적 지향을 포함한다. 당사국은 예를 들어, 유족 연금에 대한 권리 등 규약 상 권리 실현에 개인의 성적 지향이 장벽이 되지 않도록 보장해야만 한다. 또한 성별 정체성도 차별 금지 사유의 하나로 인정된다. 예를 들어 트랜스젠더, 트랜스섹슈얼, 인터섹스는 학교와 직장에서의 괴롭힘 등 심각한 인권 침해를 흔히 겪는다.

…

경제적·사회적 상황

35. 개인과 집단은 특정한 경제적 또는 사회적 집단이나 계층에 속한다는 이유로 자의적으로 처우돼서는 안 된다. 가난하거나 홈리스일 때, 개인의 사회경제적 상황은 광범위한 차별, 낙인, 부정적 고정관념으로 귀결될 수 있고, 이것은 공공장소에 대한 접근의 거부 또는 불평등한 접근, 타

인과 동등한 질의 교육과 건강 보호에 대한 접근의 거부 또는 불평등한
접근을 초래할 수 있다.

국내적 이행

36. 차별적 행위를 삼가는 것뿐 아니라, 당사국은 규약 상 권리 행사에서의 차별 철폐를 보장하기 위하여 구체적이고 의도적이며 목표가 분명한 조치들을 취해야만 한다. 하나 또는 그 이상의 차별 금지 사유로 구별될 수 있는 개인과 집단은 그런 조치를 선택하는 의사 결정 과정에 참여할 권리를 보장받아야만 한다. 당사국은 선택된 조치들이 실제로 효과적인지를 정기적으로 평가해야만 한다.

입법

37. 제2조 2항을 준수하는 데, 차별을 다루는 법률의 채택은 필수불가결하다. 따라서 사회권 분야에서 차별을 금지하는 구체적 입법 조치를 취하라고 당사국에 독려한다. 그런 법률은 형식적 실질적 차별 철폐를 목적으로 하며, 공사 부문의 행위자들에게 의무를 부여하며, 앞서 논의한 차별 금지 사유를 포괄하는 것이어야 한다. 기타 법률들도 형식적으로나 실질적으로나 규약 상 권리의 행사와 향유와 관련하여 차별하거나 차별을 초래하지 않도록, 필요하다면, 정기적으로 재고돼야 하며 개정돼야 한다.
...

구조적 차별의 철폐

39. 당사국은 실재하는 구조적 차별과 분리를 철폐하기 위한 적극적인

조치를 취해야만 한다. 그런 차별을 다루기 위해서는, 대개 임시적인 특별 조치를 포함하여 다양한 범위의 법률, 정책, 프로그램을 포함하는 포괄적인 접근이 요구된다. 당사국은 구조적 차별을 겪는 개인과 집단과 관련된 태도와 행위를 변화시키도록 공적 사적 행위자를 독려하는 인센티브 사용을 고려하거나 준수하지 않을 경우 그들을 처벌해야만 한다. 구조적 차별에 대한 인식 향상을 위한 공적 지도력과 프로그램, 차별 선동에 대한 엄격한 조치의 채택은 종종 필요하다. 구조적 차별을 철폐하기 위해 전통적으로 방임된 집단에 더 많은 자원을 쏟는 것이 자주 요구된다. 특정 집단에 대한 끈질긴 혐오를 고려할 때, 공직자와 기타 실무자들이 법과 정책을 이행하도록 보장하는 특별한 관심이 요구된다.

미처 하지 못한 말

2017년 1월 20일 처음 찍음

지은이 류은숙
펴낸곳 도서출판 낮은산 I 펴낸이 정광호 I 편집 정우진 I 디자인 박대성 I 제작 정호영
출판 등록 2000년 7월 19일 제10-2015호
주소 04048 서울시 마포구 독막로9길 23 아덴빌딩 3층
전화 02-335-7365(편집), 02-335-7362(영업) I 팩스 02-335-7380
홈페이지 www.littlemt.com I 이메일 littlemt2001hr@gmail.com I 트위터 @littlemt2001hr
제판 · 인쇄 · 제본 상지사 P&B

ISBN 979-11-5525-080-8   03300

이 도서의 국립중앙도서관 출판예정도서목록(CIP)은 서지정보유통지원시스템
홈페이지(http://seoji.nl.go.kr)와 국가자료공동목록시스템(http://www.nl.go.kr/kolisnet)에서
이용하실 수 있습니다.(CIP제어번호: CIP2017000751)